KB039349

사이토 히토리의 **상식을 깨부숴라**

사이토 히토리의 **상식을 깨부숴라**

ⓒ 나비스쿨 2023

2023년 8월 30일 1판 1쇄 발행
2023년 9월 4일 1판 2쇄 발행

펴낸이 | 조우석
펴낸곳 | 나비스쿨
디자인 | studio J
인쇄 | 예원프린팅

등록 | No.2020-00008
주소 | 서울특별시 성북구 돌곶이로 40길 46
이메일 | navischool21@naver.com

ISBN 979-11-973894-9-8 (03190)

일러두기

이 책에 언급되는 '신'(카미사마 역주: 일본어로 '신'은 주로 절대적 존재나 특정한 일에 뛰어난 사람들을 가리킨다)은
특정 종교와 관계가 없습니다. 여기서 신이란 '세상을 널리 비추고 만물을 창조한 거대한 에너지', 마치 태양과 같은
것을 의미합니다.

사이토 히토리의 **상식을 깨부숴라**

나비스쿨

시작하며

2020년부터 시작된 코로나바이러스 팬데믹으로 세상이 크게 바뀌었습니다. 저는 이 변화가 획일적인 사고방식에서 벗어날 좋은 기회라고 생각합니다. 쉽게 설명해 보겠습니다.

사랑이 없는 상식을
깨부숴라

앞으로는 자신의 가치관대로 좋아하는 길을 선택해서 자유롭게 나아가면 됩니다. 주변의 눈치를 보면서 진심을 감출 필요가 없고, 굳이 세상의 상식에 따르지 않아도 홀가분하고 즐겁게 살아갈 수 있는 세상이 되었습니다. 이념에 얽매이고 강요당하는 시대는 이미 지나갔습니다.

행복한 성공은 가만히 앉아서 기다리는 사람에게 저절로 다가

오지 않습니다. 더욱이 자신을 기만하면서까지 참아 낸다고 얻을 수 있는 것도 아닙니다. 스스로 행복을 발견하고 그 과정을 즐기면서 행복한 성공의 목표에 도달해야 합니다.

이 세상에는 '나도 웃고 너도 웃을 수 있어야 행복하다.'라는 불변의 법칙이 있습니다. 그 법칙의 핵심은 '사랑'입니다.

올바르게 여겨지는 상식일지라도 그 속에 사랑이 없으면 좋은 상식이 아닙니다. 반대로 사랑이 있다면 과감하고 대담하게 상식을 파괴하는 행동일지라도 잘될 수밖에 없습니다.

지금 당장은 당신의 마음에 큰 울림이 일어나지 않더라도 이 책을 끝까지 읽어보신다면 저의 진심이 전해질 것이라 확신합니다.

행복은 사랑에서부터 시작됩니다. 당신도 사랑의 길을 즐겁고 행복하게 걸어가시기 바랍니다.

2022년 1월
사이토 히토리

2장

인생을
바꾸는
상식 수용하기

4장

상식 파괴로
대성공의 길을
열어라

1장

사랑이 담긴 상식 파괴

홀가분하게 사는 사람이 성공한다.
이것이 신의 길이다

세상은 지금 체면, 단체, 규율과 같이 근엄하고 딱딱한 것으로부터 가볍고 자유로운 것을 중시하는 흐름으로 탈바꿈하고 있습니다.

이미 자유, 즐거움, 유연성과 같이 경쾌한 감각을 가진 사람이 늘어나고 있다는 것을 실감하고 계실지도 모르겠습니다. 앞으로는 이 흐름이 더욱 가속화될 것입니다. 행복하다는 느낌은 마치 구름이 자유자재로 형태를 바꾸면서 전달하는, 포근하고 보드라우며 폭신한 느낌과도 비슷할 것 같습니다.

우리 모두 좋아하는 일에 몰입하면서 더욱 가볍고 자유롭게 행복한 인생을 설계해 나갈 수 있습니다.

저는 이렇게 가볍고 자유로운 시대가 앞으로 천 년은 지속될 거라고 생각합니다.

아직도 세상에는 답답한 일이 많다고 느끼실지 모르겠습니다. 하지만 이처럼 꽉 막힌 느낌은 점차 줄어들고, 반대로 홀가분한 마음으로 살아가는 사람이 확실히 늘어 가고 있습니다.

이것이 신이 계획한 흐름이고, 우리의 영혼이 바라는 세상입니다.

홀가분하게 마음을 비운 사람일수록 행복해지고, 따뜻한 삶을 선택한 사람일수록 성공에 먼저 도달합니다.

문제가 생긴다면 얼마나 가볍게 문제를 해결하는지, 대안을 찾아 더 밝은 미래와 연결시켜 나갈 수 있을지가 바로 행복한 성공을 위한 승부수라고 할 수 있겠습니다.

가벼움을 강조하는 이유가 궁금하시지요? 그럼 가볍게 시도해 보면 어떨까요? 홀가분한 마음으로 세상을 살아가면 삶이 한결 수월해지니까요.

마음이 가벼운 사람에게는 세상이 훨씬 친절하게 다가가고 마치 놀이공원에 가 있는 것처럼 인생도 놀이처럼 즐겁게 느껴집니다. 그만큼 가슴 뛰는 삶을 살아갈 수 있습니다.

실제로 행복한 부자들은 소소한 일에 사로잡혀 괴로워하지 않습니다. 그들은 매사에 힘을 빼고 몸을 이완해서 생각하고, 얼굴엔 언제나 미소를 띠고 있습니다. 심각한 문제가 발생했을 때조차 게임에서 마주친 강적을 물리치는 것처럼 상황을 즐기며 전략을 생각해 냅니다.

물론 사람이다 보니 낙심하는 경우도 있습니다. 그렇지만 성공한 사람들은 실망한 채로 망설이거나 방황만 하지 않습니다.

물론 큰 성공을 거뒀다 할지라도 미움을 사거나 트러블 메이커가 되어서는 곤란합니다. 한순간에 나락으로 떨어질 테니까요. 이게 바로 인생입니다.

우리가 사는 이 세상은 가벼운 마음으로 살아가는 사람부터 먼저 성공하고 행복해지게 되어 있습니다. 이것이 바로 신의 계획이니까요.

상식 파괴에는
반드시 '사랑'이 필요하다

가벼움이 주류인 시대에는 더더욱 상식에 사로잡히면 안 됩니다. '다들 그러니까 나도 따라 하는 게 당연하지!'라는 생각처럼 통용되는 상식을 깨뜨릴 수 있느냐 여부가 핵심입니다.

상식에 얽매여도 안 되지만, 마음을 무겁게 만들어 버리는 상식이라면 더더욱 깨뜨리는 것이 좋을 것 같습니다(^^).

물론 자신에게 불리한 상황이라고 해서 난폭하게 상식을 깨뜨려서는 안 되겠지요. 상식을 깨뜨릴 때는 반드시 '사랑'이 필요합니다. 나와 상대에게 사랑이 전달되는 깨뜨림이어야만 합니다. 그렇지 않은 상식 파괴는 의미가 없습니다.

상식 파괴를 단지 '일반적이지 않은 돌출 행동' 정도의 의미로 생각한다면 상대에게 불쾌함을 주는 말과 행동도 상식 파괴의 범주에 속하겠지요. 그러면 단순히 트러블 메이커가 될 뿐입니다. 상식 이하의 사람이 되겠지요. 이렇게 제멋대로 상식을 파괴하면 마음이 전혀 가벼워지지 않습니다. 따뜻하고 포근한 기분과는 정반대일 겁니다. 왜냐하면 이렇게 제멋대로인 사람은 여기저기서 미움을 사게 되어 자신은 물론이고 주변에도 답답함을 전달할 테니까요.

무턱대고 상식을 파괴하는 건 좋지 않습니다. 상식을 깨뜨린다 할지라도 그 기저에 사랑이 있는지 없는지에 따라 전혀 다른 결과가 나타납니다. 마음이 홀가분해지는 상식 파괴에는 언제나 사랑이 따릅니다. 사랑으로 상식을 파괴해야 비로소 행복을 맛볼 수 있습니다.

당신의 말과 행동에는 정말로 사랑이 담겨 있나요? 당신이 말하고 행동할 때 자신은 물론이고 주변에도 사랑하는 마음이 전달될까요?

마음의 축은 언제나 사랑이어야 합니다.

사랑을 바탕으로 시의적절하게 일반적이지 않은 선택을 하는 사람이 사랑의 상식 파괴를 한다고 할 수 있습니다.

모든 상식 파괴의 중심에는 사랑이 있어야 하며, 상식을 깨뜨릴 때는 사랑을 동반해야 합니다.

사랑으로 상식을 깨뜨릴 때 인생이 가치 있고 풍부해집니다. 반대로 자신은 물론이고 남에게도 사랑이 전달되지 않는 상식 파괴는 그야말로 상식 이하입니다.

사랑을 담은 상식 파괴로
회사를 성장시켰다

사랑으로 상식을 파괴한다는 게 어떤 걸까요? 구체적으로 말하자면 제 경우에는 늘 여행을 다녀서 출근하는 날이 1년에 며칠밖에 되지 않습니다(^^).

저는 건강식품과 화장품을 개발하여 판매하는 '긴자마루칸'이라는 회사의 대표를 맡고 있는데 평상시에 친구들과 자주 드라이브 여행을 하기 때문에 회사에는 그다지 얼굴을 내보이지 않습니다. 그래서 저희 회사에는 대표실이 없고 대표의 자리조차 없답니다(^^). 일반적인 회사라면 말도 안 되는 이야기일 수 있지만 저희 회사에서는 수십 년 전부터 당연하게 생각해 왔습니다.

그렇게 하는 이유는 무엇보다 제가 여행을 좋아하기 때문입니다. 저는 여행을 즐기는 가운데 신상품에 관한 아이디어가 떠오르기도 하고, 여행지에서 만난 사람들과 이런저런 이야기를 나누면서 상품의 이미지를 확장시키기도 합니다. 저에게 여행은 일과 같은 것이지요. 또한 대표가 회사에 나오지 않으면 직원들도 좋아합니다. 대표가 부재중이면 직원들이 모두 느긋하게 지낼 수 있으니까요(하하!)

사실 대표가 회사에 늘 출근도장을 찍는다고 해서 직원들의 업무성과가 두 배가 되는 것도 아니에요. 오히려 지켜보고 있다는 생각에 긴장을 하거나 초조해져서 능률이 떨어지지 않을까요?

이렇게 생각하면, 사장이 매일 회사에 갈 필요가 없게 되지요.

실제로 우리 회사는 전적으로 직원들을 신뢰하며 일을 맡깁니다. 그래서 제가 회사에 가지 않아도 모두가 든든히 회사를 지키고 있습니다.

게다가 직원들 모두가 저를 매우 좋아하고 항상 "회사를 잘 키워 보겠어!"라며 엄청 분발하고 있습니다. 직원들이 회사를 편안하게 느끼며 퇴사할 생각을 하지 않습니다. 직원 대부분의 근속기간이 몇 십 년이기 때문에 시간이 갈수록 제가 더욱 안심하고 회

사를 맡길 수 있습니다. 덕분에 경영실적이 해를 거듭할수록 좋아져 흑자가 이어지고 있습니다.

제멋대로 구는 것은
자신을 사랑하지 않는 것이다

단순히 상식을 깨뜨린다는 말만 들여다보면 제멋대로 구는 것 같은 느낌이 듭니다. 그래서 착각하는 경우가 생깁니다. 그렇지만 제가 말하는 상식 파괴는 제멋대로와는 정반대의 의미입니다.

제멋대로 군다는 것은 무리하게 상대방을 통제하려고 하거나 폐를 끼치는 것을 말합니다. 제멋대로 구는 사람에게는 사랑이 없지요.

그런데 히토리식 상식 파괴에는 반드시 사랑이 담겨 있기 때문에 제멋대로인 것과는 근본적으로 다릅니다. 사랑으로 생각하고 사랑으로 움직이기 때문에 상식을 파괴하더라도 제멋대로 굴 때의 강제성이나 뻔뻔한 면이 없습니다.

제멋대로 굴면 자신에 대한 사랑은 있을 텐데요? 그렇게 보일 수 있겠지만 전혀 그렇지 않습니다. 조금만 생각해 보면 '제멋대로'에는 자신에 대한 사랑조차 없다는 것을 알 수 있습니다. 왜냐하면 제멋대로인 사람은 주변으로부터 쉽게 외면을 당하고, 좋아하는 사람에게조차 미움을 사게 되기 때문에 결국 주변에 남아 있는 사람이 아무도 없게 됩니다. 그런 상황에서 행복할 수 있을까요? 사랑이 전해질까요?

결국 제멋대로 구는 것은 자기 자신에게 상처를 주는 행동입니다.

자신을 사랑으로 가득 채우고 싶다면 주위 사람들에 대한 사랑이 반드시 필요합니다. 그렇다고 해서 주변에만 너무 신경을 쓰게 되면 자신의 마음이 무거워집니다. 자기를 희생해 가면서까지 남을 위해 모든 것을 바치는 이른바 멸사봉공 정신의 사랑은 시대의 흐름에 역행하는 것입니다. 행복해질 수 있는 권리를 스스로 방치해 버리는 것이나 다름없습니다.

자신만 사랑해도 안 되지만 그렇다고 주변만 사랑해도 안 됩니다. 자신과 주변을 모두 사랑해야 합니다.

지나치게 친절한 사람은 상대방이 제멋대로 하는 행동을 받아 주는 것이 사랑이라고 착각해서 그들의 생트집을 받아 주거나 요구를 거절하지 못하곤 합니다. 하지만 그것이 불행의 시작이에요. 진심으로 사랑을 전달하려면 제멋대로 구는 상대방에게 "그렇게 하면 안 됩니다." "잘못된 결정입니다." "사랑이 빠져 있네요."와 같은 메시지를 보내야 합니다.

그러지 않으면 상황이 제멋대로 흘러가는 일이 반복되고 돌고 돌아 사라지지 않습니다.

그렇다고 잔소리를 하라는 건 아닙니다. 스스로 깨닫고 고쳐 나가게 할 수밖에 없습니다. 당신이 아무리 입이 마르고 닳도록 주의를 주어도 어지간해서는 상대방의 마음에 전달되지 않습니다.

상대방의 제멋대로인 말과 행동을 묵묵히 넘겨 버리거나 아예 귀를 닫아 버리는 편이 좋은 방법일 수 있습니다. 이것만으로도 충분한 사랑의 메시지가 됩니다.

인간관계를 잘 다스린 사람이
인생도 잘 다스린다

사랑을 인생의 축으로 삼으면 인생이 즐거워질 수밖에 없습니다. 사랑이 있다면 행복해질 것이고, 일단 이 법칙을 알게 되면 사랑 없이는 살 수 없다고 생각하게 됩니다. 그렇게 사랑으로 살면 쉽게 행복해집니다.

사랑이 있으면 따스한 기분이 느껴지고 마음도 편안해집니다. 주위 사람들도 기뻐합니다. 가정과 학교, 직장 등 당신이 있는 장소는 어디든 미소 띤 얼굴이 가득한 천국처럼 바뀌게 됩니다. 사랑이 있다는 것 자체만으로도 당신과 주변 사람들이 확실히 행복해집니다. 그리고 그 행복은 사랑이 깊어질수록 더 커지게 됩니다. 행복에는 한계가 없으니까요. 정말 굉장하겠지요?

일이 잘 풀리지 않았을 때, 그 이유를 떠올려 보면 대부분 인간관계와 연관이 있습니다. 실패했을 경우 자신이 누군가에게 피해를 끼쳤다는 생각 때문에 굉장히 괴롭습니다. 실패를 하더라도 곤란한 상황에 놓일 사람이 전혀 없다면 크게 낙심하지는 않을 겁니다. 결국은 인간관계와 맞닿아 있습니다.

실패를 했어도 주변 사람들이 응원해 준다면 용기를 내겠지만, 이와 반대로 실패했다고 손가락질을 당하며 공격을 받고 궁지에 몰린다면 몹시 비참하고 고통스러울 것입니다. 이처럼 주변의 반응에 따라 당신에게 나타나는 결과가 극과 극이겠지요.

주변에 도움의 손길을 청하면 바로 해결할 수 있는 문제인데도, 책임을 추궁당하면서 궁지에 몰린 채로 혼자 해결해 보려고 하면 상당히 힘이 들 겁니다. 이러한 관점에서 보면 인간관계를 제압한 사람이 인생을 제압한다고 해도 과언이 아닙니다.

그렇다면 '인간관계'라는 탑을 잘 쌓아 올려서 일도 잘 풀리게 하는 방법이 있을까요? 물론 있습니다. "그 방법은 바로 사랑입니다!"라고 확실하게 대답할 수 있습니다. 사람과의 관계에서 사랑이 전달되면 대부분의 문제는 피할 수 있고, 간혹 문제가 생기더

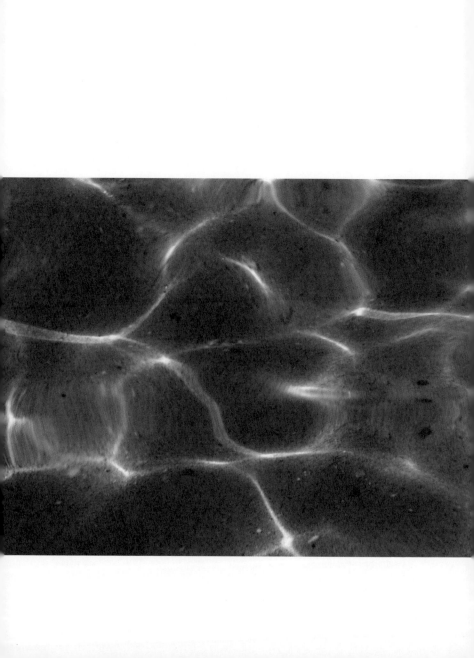

라도 인지상정으로 순조롭게 해결할 수 있습니다. 사랑은 인간관계에서 윤활유 같은 역할을 합니다.

우리는 살아가는 동안 인간관계로부터 자유로울 수 없습니다. 사람은 혼자서 살아갈 수 없고 어딘가에 소속되어 살아가기 때문에 반드시 인간관계를 맺게 됩니다. 더 구체적으로 말하면 잠시 외출만 하더라도 누군가와 뜻밖의 갈등이 빚어질 수 있습니다. 크게 문제 될 것까진 없다 해도 스쳐 지나가는 상대에게 불쾌한 감정을 전달하고, 스스로도 불쾌감을 느낄 수 있습니다.

복잡하고 미묘한 대인관계에서 사랑을 전달한다면 인생의 괴로움이 순식간에 사라지게 됩니다. 사실 매우 자연스러운 현상입니다. 사랑은 인생의 대들보라고 할 수 있습니다. 그렇기 때문에 사랑이 없는 인생은 모래성처럼 쉽게 무너져 버립니다.

당신의 영혼은
사랑을 추구한다

사랑이 빠진 상식에 얽매인 사람은 괴로워지기 마련입니다. 왜냐하면 우리 영혼이 사랑을 추구하기 때문입니다.

사랑이 느껴지지 않는데 '이렇게 해야 상식적이야.' '나이를 그

만큼이나 먹었는데 상식에서 벗어나면 안 되지.' 등의 이유로 속
마음과는 다른 반대의 행동을 한다면, 당신의 영혼은 절규할 것입
니다. 그럼 당연히 괴로워질 수밖에 없습니다.

'학교는 무조건 잘 다녀야 해.'

'회사에 꼴 보기 싫은 상사가 있지만 그만둘 수는 없어.'

'상대가 너무 싫지만 어쩔 수 없어. 만나야 하니까.'

휴우, 한숨이 절로 나옵니다. 과연 당신에게 진정으로 사랑이
있는지 묻고 싶습니다.

많은 분이 아시는 것처럼 저는 중졸입니다.

게다가 초등학생 때부터 제대로 학교에 다닌 적이 없습니다. 중
학교에 진학해서도 마찬가지여서 지각이나 조퇴, 결석을 밥 먹듯
이 했어요(^^). 숙제를 해 간 적은 손에 꼽고요(^^). 세상의 상식으
로 본다면 의무교육 기간에 학교에 가는 것은 당연한 일이고, 숙
제도 제대로 해 가야 되죠.

요즘 같은 시대에 고등학교나 대학에 진학하지 않는 학생은 아
마도 소수일 겁니다.

경제적인 사정이나 그 밖의 어떤 이유로 진학하지 못하는 경우
를 제외하고는 중학교를 졸업하면 대부분 고등학교에 진학할 것
이고, 고등학교를 졸업한 후 대부분은 전문학교나 대학에 입학할
겁니다.

그렇지만 저는 상식과는 거리가 멀었어요.

어쨌든 공부를 잘하지 못했고 싫어했습니다. 공부가 싫으니 아무리 애를 써도 좋아지지 않았습니다. 어쩔 수가 없었습니다.

저는 사랑이 빠진 상식에 얽매여 스스로를 학대하기보다는 인내하지 않는 길을 선택하고 싶었어요.

선생님과 부모님으로부터 "학교는 다녀야 한다." "학생이 공부를 해야지!" "이런 식으로 하다가 커서 뭐가 되려고!"라는 잔소리를 수없이 들었습니다. 그래도 고집을 부리며 귀담아듣지 않았지요(^^).

상식대로라면 이렇게 유년 시절을 보낸 저에게는 암담한 미래가 펼쳐져야겠지만, 저는 모두의 예상을 깨뜨리고 일본에서 세금을 가장 많이 내는 최고의 사업가가 되었습니다.

열심히 공부한 사람들보다 훨씬 더 많은 세금을 내며 나라에 도움이 되고 있어요.

만약 어릴 때 제가 저 자신을 사랑해 주지 않았다면 지금의 성공은 존재할 수 없었을 것입니다. 괴로움에 절규하는 영혼이 어떻게 되었을지는 상상만 해도 아찔합니다.

아마도 저는 영혼의 소리를 무시하고 사랑이 없는 길로 나아가면 어떤 미래가 펼쳐지는지를 어릴 때부터 알고 있었던 것 같습니다. 그래서 제 마음의 소리에 귀를 기울였고 영혼이 추구하는 사랑이 있는 길을 선택했습니다.

학교에 가지 않고 공부도 하지 않아서 주위 어른들께는 걱정을 많이 끼쳤을지도 모릅니다. 그렇지만 결과적으로 저 자신과 주위 사람들, 더 나아가 사회에도 사랑이 전해지는 선택을 하게 되었습니다.

하지만 뭐랄까, 원론적인 이야기지만 어른들은 아이들이 학교에 가지 않고 공부를 하지 않으면 그 아이에게 문제가 있는 건 아닐까 전전긍긍하겠지요. 그런데 저는 정작 문제는 걱정하는 어른들에게 있다고 생각합니다.

어른이든 아이든 관계없어요. 모든 영혼은 사랑을 추구하고 있기 때문에 아이들이 어떤 선택을 해도 어른들은 묵묵히 지켜보는 역할을 해 주면 좋을 것 같습니다. 이것이 서로 행복해지는 길입니다.

'공부를 못한다=머리가 나쁘다'는 커다란 착각이다

아이들뿐 아니라 어른들 중에도 공부를 잘하고 못하는 것을 기준으로 자신을 평가절하하는 경우가 많습니다.

학창 시절에 성적이 좋지 않아서, 또 명문 대학을 졸업하지 못해서 열등감을 갖고 계시는 분들이 있을까요? 이것은 모두 당신의 인생에 불필요한 열등감입니다.

공부를 못하는 사람이 자신을 어리석다고 단정 지어 버리거나 비하하는 경우도 종종 있는데, 정말 어리석은 생각입니다.

스스로에 대한 평가를 낮추는 것이 공부를 못하는 것보다 훨씬 큰 잘못입니다.

사실 '공부를 못한다=머리가 나쁘다'는 커다란 착각입니다. 물론 현대 사회가 학교 공부를 중시한다는 것은 부인할 수 없습니다. 공부를 잘하면 주변에서 "대단해!" "머리가 비상하구나!" 등의 칭찬을 많이 합니다.

게다가 성적이 좋으면 부모님도 기뻐하시기 때문에 아이들은 자연스럽게 '공부를 잘해야겠다!'라고 생각하게 됩니다. 물론 공부를 잘하는 것은 좋은 일이에요. 잘할 수 있는 사람이 더 열심히 공부해서 재능을 키워 나가 모두에게 도움이 되면 정말 기쁜 일이지요. 다만 공부를 잘하지 못한다고 해서 머리가 나쁜 것이 아니고, 공부를 못해도 성공하는 사람이 많이 있습니다.

학교 공부는 대부분 기억력과 관련되어 있습니다.

기억력이 좋은 사람은 대체로 공부를 잘하지요. 기억력과 성적은 대체로 비례하는 것 같아요. 그렇다고 또 좋은 기억력이 성공을 보장해 주는 건 아닙니다. 심지어 이 둘은 연관성이 전혀 없다고 봐야겠지요.

앞에서도 말한 것처럼 저는 공부에 매우 서툴렀고, 솔직히 시험을 보면 항상 낙제를 면치 못했어요(^). 그뿐만이 아니라 시험도 제대로 보지 않을 때가 많아서 시험 보는 날에 학교에 가는 것만으로도 대단하다는 칭찬을 들었습니다(하하!) 그런 제가 일본에서 납세 1등을 할 거라고는 어느 누구도 상상하지 못했을 거예요. 더욱이 졸업 후에 막상 뚜껑을 열어 보니 상식을 깨뜨리고 크게 출세를 했지 뭡니까(하하!)

제 자랑을 하려는 게 아닙니다.

제가 전하고 싶은 메시지는 사랑이 중심에 있다면 누구에게나 그런 기적이 일어날 것이고, 최고의 방법으로 상식을 깨뜨릴 수 있다는 것입니다.

'히토리니까 성공한 거야!'라거나 운 좋게 하늘이 도왔다는 이야기가 아닙니다. 운도 미래도 당신이 마음먹는 대로 얼마든지 바꿀 수 있습니다.

성공하고 싶으시지요? 그렇다면 당신도 중심에 사랑을 두고 사랑을 전달하라고 말씀드리고 싶습니다.

사랑의 상식 파괴로 만들어진
엘리베이터와 비행기

"다른 사람에게 피해를 주지 않으면서 자신과 주변 사람 모두에게 즐거움을 전달할 수 있는 상식 파괴의 비법이 있을까요?"

누군가 제게 이런 질문을 한 적이 있었고, 그분께 저는 "상식 파괴에는 별다른 비법이 없습니다."라고 답변했습니다.

비법을 질문하신 분이 '상식을 깨뜨린다'와 '도리에서 벗어난다'를 같은 의미로 이해하신 것은 아닌지 모르겠습니다. 제가 말하는 상식 파괴는 늘 사랑을 동반하기 때문에 어떤 일을 하더라도 다른 사람에게 피해를 주지 않습니다. 다시 말해 상식을 어떻게 깨뜨리는 사랑이 중심에 있으면 잘될 수밖에 없습니다. 비법을 생각할 필요가 없지요. 사랑이 중심에 있으면, 자신이 좋아하는 일을 마음껏 해도 누군가에게 불쾌감을 주지 않습니다.

그럼에도 굳이 비법을 꼽으라고 한다면 사랑으로 살아가는 것, 이것밖에 없습니다.

사랑의 상식 파괴는 자신과 주변 사람 모두를 즐겁게 합니다. 예를 들면 엘리베이터나 비행기도 사랑에서 출발한 상식 파괴가 만들어 낸 작품입니다.

먼 옛날 '사다리나 계단을 이용하면 피곤해. 좀 더 편하고 빠르게 위층까지 올라갈 수 있으면 좋겠는데….' '사람이 새처럼 하늘 위를 멀리 날아다닐 수 있으면 좋겠어.'라고 생각한 사람들이 있었습니다.

'사람이 다리를 움직여야 위층까지 올라가지.' '사람이 어떻게 하늘을 날 수 있겠어?' 이렇게 생각하는 것이 상식으로 통하던 세상에서 '그렇게 되면 모두가 편하고 좋을 텐데….'라고 생각하는 사람들이 있었고, 그들의 사랑으로 상식을 파괴한 연구 덕분에 우리가 지금 엘리베이터와 비행기를 편리하게 사용할 수 있게 되었습니다.

최초로 개발을 시작한 사람은 아마도 "그런 게 가당키나 하니?" "쓸데없이 돈 낭비하지 말고 그만둬."와 같은 핀잔을 듣거나 많은 반대에 부딪혔겠지요. 계단을 사용하는 것이 상식이었고, 사람이 발을 땅에 딛고 이동하는 것이 상식이었던 시대에 자동으로 위층에 올라갈 수 있는 장치나, 하늘을 날아서 이동할 수 있는 탈 것에 대해 그 누구도 상상할 수 없었을 겁니다.

그럼에도 불구하고 발명을 해낸 분들은 '반드시 해낼 수 있어!'라는 부푼 희망을 안고 가슴 벅찬 상상을 떠올렸을 겁니다. 그 안에는 자신의 호기심에서 시작한 결과물로 모두가 웃기를 바라는 마음, 즉 사랑이 있었습니다. 당시에는 상식 밖의 너무도 터무니없는 생각이었지만, 사랑의 상식 파괴로 결국 많은 사람들에게 기

뻠을 주게 되었습니다.

저는 사랑이 있는 상식 파괴가 시대를 개척하고 편리한 세상을 만들어 가는 힘이라고 생각합니다.

밝고 즐겁게
상식을 파괴해라

저는 언제나 저 스스로에게 기쁨을 주고 싶은 사람입니다.

그래서 머릿속이 항상 즐거운 망상으로 가득합니다(하하!) 혼자 있을 때에도 혼잣말로 농담을 하거나 발칙한 망상을 하기 때문에 성신을 차리고 보면 언제나 싱글벙글입니다(하하!)

이런 망상 중에는 '여자 친구는 40명까지로 제한한다'는 다소 발칙하고 괴상한 규정도 있답니다. 여자 친구가 많으면 많을수록 좋겠지만 모든 사람에게 똑같이 주어진 스물네 시간인데 여자 친구가 너무 많으면 데이트할 시간이 모자라니까요. 그래서 여자 친구는 최대 40명까지로 제한을 두고 엄선하겠다는 망상입니다(하하!) 물론 이 망상은 믿거나 말거나 농담입니다. 무슨 일이든 즐거운 상상을 하면서 웃자는 유쾌한 상식 파괴의 일환으로요.

심각한 뉴스를 보고 있을 때도 나쁜 일을 저지른 사람이나 사건에 대해 다음과 같이 생각합니다.

'저 사람에게 연인이 40명 정도 있었다면 나쁜 일을 할 시간이 없었을 텐데….' 애인이 40명이나 있다면 오늘은 이 사람과 영화를 보고 내일은 저 사람과 식사를 하고…. 생각만 해도 엄청 바쁘겠지요? 데이트 시간을 확보하는 것만으로도 시간이 빠듯할 테니 범죄 같은 것에 손을 댈 틈이 없었을 겁니다(하하!)

좋아하는 일로 하루를 가득 채워 간다면 항상 즐거운 마음일 테니 나쁜 일을 할 시도조차 하지 않을 거예요. 나쁜 일이 발각되어 체포된다면 데이트도 할 수 없게 되니까요(하하!)

범죄까지 가지 않더라도 학교나 회사에서 약한 사람을 따돌리거나 함정에 빠뜨리거나 하는 것 등은 사실 한가하기 때문입니다.

여자 친구가 40명이나 된다면 절대로 그런 어리석은 행동을 할 수 없어요. 다른 사람을 불쾌하게 하거나, 심지어 범죄를 저지르는 사람이라면 당연히 좋아하는 사람에게 미움을 받습니다.

좋아하는 사람을 계속 곁에 두고 그와 함께하기 원한다면 자신을 갈고 닦기에 바빠서 쓸데없는 행동을 할 시간이 없어요.

여자 친구를 40명으로 엄선하느니 어쩌니, 하는 저를 두고 상식 밖의 망상을 한다고 비난하실지 모르겠습니다. 부도덕한 생각이라고도 하겠지요. 그렇지만 유쾌한 상식 파괴로 마음이 한결 가벼워진다면 괜찮지 않을까요? 그리고 머릿속으로만 생각하면 되니

까 어느 누구에게도 불쾌함을 전달하지 않습니다.

상식에 따르는 것이 뭐든 좋은 것은 아니에요. 그러나 유쾌하고 즐거운 상식 파괴라면 가치가 있습니다.

저는 오히려 완강하게 상식만 고집하는 사람이 더 문제라고 생각합니다(하하!)

사랑이 없으면
실패한다

상식에 얽매이지 않고 과감하게 행동했는데, 너무나 대담한 행동이어서 돌이킬 수 없는 실패를 했다는 사람이 있습니다. 그는 상식을 깨뜨리더라도 '융통성'이 필요하다고 생각한다며 융통성을 잘 발휘할 수 있는 방법을 상담해 왔습니다.

저는 그의 행동에 충분한 사랑이 결여되었던 것이 실패의 원인이라고 생각합니다. 혹 자신의 행동이 사랑이었다고 착각한 것은 아니었을까요?

사랑이 깃든 행동에는 실패가 있을 수 없습니다.

사랑하는 마음에서 출발한다면 자연스럽게 '여기서 더 나가면 불쾌하겠지?'라는 생각이 들기 때문에 스스로에게 브레이크를 걸어 완급을 조절할 수 있게 됩니다. 혹시라도 스스로 눈치 채지 못한다면 주변에서 "이봐요, 너무한 것 같은데요."라며 제지하는 사인을 보낼 겁니다. 그렇기 때문에 강도와 속도를 자연스럽게 조절할 수 있습니다.

사람은 누구나 완벽하지 않기 때문에 실수를 하기 마련입니다. 그래서 아무리 사랑에서 출발한 행동이더라도 때로는 실패하는 경우가 생깁니다. 그렇지만 사랑을 수반한 실패라면 주변에서 그대로 내버려 두지 않습니다.

실패했더라도 따뜻한 손길로 감싸 주는 이가 있을 것이고, 당장은 수습할 수 없을 정도로 심각한 상황이 발생한 것처럼 보이지만 대역전의 기적이 생기기도 합니다. 사랑이 있다면 결코 돌이킬 수 없는 실패가 되지 않습니다.

실패도 일종의 배움입니다.

어떤 실패든 사랑을 터득해 나가기 위한 시련이라고 생각하면 좋겠습니다. 시련을 통해 성장한다면 다가올 기회에는 더 잘할 수 있으니까 당장의 실패로 초조해하지 않아도 됩니다.

우리 영혼은 생과 사를 무한히 반복합니다.

사람의 육체는 때가 되면 반드시 죽음을 맞이합니다. 그렇지만 죽는 순간에 저편의 다른 세상에서 다시 태어나지요.

그리고 잠시 저 세상에 살다가 또다시 이 세상에 태어납니다.

우리의 영혼은 이 과정을 무수히 반복합니다. 지금 하지 못했던 일은 다음에 다시 도전하면 됩니다. 시간은 충분하니까요.

2장

인생을 바꾸는 상식 수용하기

100퍼센트 정확한
법칙은 없다

상식에 사로잡히지 않는 것은 인생을 홀가분하게 살아가기 위한 핵심입니다. 물론 상식 자체가 좋지 않다는 건 아닙니다. 본래 상식이란 '이렇게 하면 잘되더라.'라는 보통의 관습을 가리킵니다. 대부분의 경우 상식대로 하면 잘되는 일종의 편리함을 추구하는 사고방식이지요.

통용되는 상식이 있으니까 불필요하게 헤매지 않을 수 있고 서로 간의 의사소통도 수월해집니다. 그런 의미에서 상식은 매우 큰 장점이 있습니다.

법규를 예로 들면 '이 법을 지킬 때 일반적으로 모두의 생활이 안정된다'는 전제가 깔려 있지요. 정해진 법규가 없다면 사회는 굉장히 무질서해지고 혼란스러워질 것입니다. 모두가 제멋대로 행동할 수 있겠지요.

그렇게 되는 것을 방지하기 위해 법을 제정하여 사회에서 안심하고 살아갈 수 있게 했지요. 법과 규칙이 있으면 해도 되는 것과 해서는 안 되는 것을 명확히 구분할 수 있고, 대체로 많은 사람들이 그것을 인식할 수 있습니다.

그렇지만 어떤 법규라도 100퍼센트 적용될 수는 없습니다. 사람에게는 각자의 입장이나 환경이 있고, 감각이나 사고방식도 제각각 다르기 때문이지요.

개인마다 다양한 상황에서 각기 다른 사고를 하며 살아가는데, 과연 그들 모두에게 정확하게 적용될 수 있는 법이 있을까요? 아무리 훌륭한 규칙이라 해도 적용될 수 없는 예가 반드시 나타납니다. 이에 따라 예외사항이 만들어지거나, 초법적인 조치가 나오기도 하는 것처럼 상식도 가변적이라고 생각합니다.

그리고 현재는 훌륭한 법이라도 사회 변화와 더불어 조금씩 도태되거나 적절하지 않은 부분이 생겨납니다. 이러한 내용을 반영하고 수정하기 위해 법도 변할 수밖에 없습니다.

법률을 개정하는 것 외에도 우리 주변에서 비슷한 사례를 찾아볼 수 있습니다. 학교의 교칙이나 마을 자치단체의 규정도 시대의 흐름을 반영하여 개정되고 있습니다. 이 시대를 살아가는 사람들의 생활방식이나 사회적인 추세에 따라 그 내용을 바꿔 가야겠지요? 이처럼 상식도 세상의 발전과 보조를 맞추어 조금씩 변해 갑니다.

사회의 전반적인 법규나 상식은 대략적인 지침일 뿐입니다. 누군가는 지킬 수 있는 법이지만, 또 다른 누구에게는 너무 갑갑하고 숨이 막힐 수도 있습니다.

이러한 개별성과 흐름을 전제하지 않고 모두에게 상식이라는 틀을 갖다 대면 개인의 자유와 행복이 어떻게 될까요? 자유와 행복을 보장받기는커녕 빼앗겨 버리고 마는 겁니다. 저는 이런 것을 두고 사랑이 없는 상식이라고 말합니다.

타고난 환경과 재능은
사랑과 무관하다

상식에 따랐는데도 마음이 괴롭다면 그 속에 사랑이 빠져 있기 때문입니다. 상식 자체로는 문제가 되지 않는데, 사랑이 없으니 문제가 되지요.

예를 들면 자기 맞춤형으로 궁리를 하며 상식에 따르는 것과 무턱대고 상식대로 하는 것은 매우 다릅니다. 사랑이 있는지 없는지에 따라 전혀 다른 결과가 나타납니다.

이를 모른 채 상식을 맹신하고 따르니까 이상한 결과가 나타나게 됩니다. 상식은 잘만 활용하면 편리한 것인데, 모든 것을 상식으로 해결하려 하거나 상식에서 벗어난 사람을 이상한 사람으로 취급해 버리는 식의 상식 일변도적 사고로는 괴로워지기 마련입니다.

현재 사는 것이 괴로운 사람은 우선 상식에 의문을 가져야 합니다. 자신의 마음에 귀를 기울이고 내면의 소리를 얼마나 수용하고 있는지 확인해 보시기 바랍니다. 자신이나 주위에 사랑을 전달해 줄 수 있는 선택을 했는지 되돌아보는 겁니다.

사는 것이 괴롭다거나 인생이 즐겁지 않다고 느낀다면 분명 무언가가 잘못된 것이죠. 사랑을 잊고 있을 가능성이 큽니다.

학교가 싫으면 집에서 공부하면 되고, 공부가 어려운 사람은 좋아하는 다른 일을 찾아서 집중하여 능력을 키우면 됩니다.

적성에 맞지 않는 회사에서 근무하는 사람은 이직을 한다거나, 창업하여 사장이 되거나, 자신이 즐길 수 있는 길을 찾아서 선택하면 됩니다.

남들과 다른 선택을 하면 인생의 궤도에서 완전히 이탈했다고 느껴질 수도 있습니다. 그렇지만 계속 인내해 가며 싫어하는 일을 하는 쪽이 더욱 인생을 망치는 것입니다. 마음까지 병들면 사는 것이 더욱 괴로워집니다.

흔히 "저 사람은 집안이 너무 좋아."라는 말을 하는데, 아무리 좋은 조건을 갖춘 사람이라도 사랑이 없으면 행복하지 않습니다.

반대로 집안 배경이나 학력, 재력 중 어느 것 하나 갖추지 못한 사람일지라도 사랑이 있다면 인생을 개척해 나갈 수 있습니다.

당신의 행복을 좌우하는 건 출신 배경이나 성적이 아닙니다.

사랑을 얼마나 전달할 수 있는지가 중요합니다.

사랑에는 타고난 환경이나 재능도 영향을 미치지 않습니다. 앞으로 당신은 사랑으로 살아갈 수 있겠지요? 그럼에도 불구하고 사랑에 대해 생각해 보지도 않고 "인생은 불공평해!" "나쁜 일은 나한테만 일어나!"와 같은 푸념만 늘어놓는다면 방법이 없겠지요. 이렇게 부정적인 말*을 하는 사람에게는 말처럼 심각한 상황만 벌어지니까요.

그리고 요즘 '블랙 기업'이라는 단어가 자주 거론되는데, 상식을 수용하는 방법이 잘못되어서 '블랙'이라는 낙인이 찍힙니다.

과거에는 연공서열이 당연시되었기에 손윗사람이 아무리 잘못을 해도 그것에 대한 반박이 허용되지 않았어요. 이상한 것을 이상하다고 말할 수 없었던 시대였지요. 그와 같이 나쁜 행태를 끝까지 고수하는 상사가 갑질을 하며 여전히 힘으로 억누르는 게 상

---

*   "두려움에 떨고 있다." "운이 없다." 불평불만, 푸념, 우는 소리, 욕설, 걱정거리, "용서할 수 없다." 등 자신과 주변을 모두 불행하게 만드는 어두운 말을 가리킵니다.

식이라고 믿고, 그것이 통할 거라 생각하지요.

그러니까 부하 직원은 혼이 나면서 실력을 쌓아야 한다거나 주어진 대로 하면 된다고 하는 사람이 있는데, 이것은 억지입니다.

사람은 엄격함 앞에서 위축될 수밖에 없습니다. 그런 상사는 우선 미움을 사게 되고 도리에 맞지 않는 행태를 계속해 나간다면 결국 아무도 그의 옆에 붙어 있지 않게 되겠지요.

사랑이 없는 상사는 부하 직원을 성장시키기는커녕 업무에 차질을 일으켜 스스로 회사를 망치고 있다는 사실을 하루빨리 알아차려야 합니다.

아무리 생각해도 모르겠다면
상식을 참고하라

사랑을 토대로 살아간다면 당신의 인생은 상식선에서는 대체로 문제 될 게 없습니다. 사실 저는 일상의 99퍼센트는 상식대로 해도 괜찮을 것 같다는 생각이 들 정도로 상식은 아주 잘 적용된다고 생각합니다. 다만 나머지 1퍼센트는 좀 이상한 상식입니다.

사랑이 빠진 상식, 지키면 안 되는 상식이니까 이를 잘 간파하시기 바랍니다.

이러한 것을 충분히 이해하고 있다면 상식을 필요 이상으로 안 좋게 생각하지 않아도 되고, 상식을 따를 때 따라오는 이득도 취할 수 있습니다.

실제로 제 인생에서도 상식의 도움을 받았던 적이 많습니다. '아, 역시 상식이 통한다니까.'라고 생각했던 적이 여러 번 있었습니다.

쉽게 말해 관혼상제처럼 옛날부터 계승되어 온 습관이나 특별한 예절이 필요한 상황에서는 상식이 통합니다.

장례식에 참석하기 전에 부의금 액수를 두고 고민했던 적이 있습니다. 지역에 따라 다르기도 하고, 집집마다 기준이 다르기도 하기 때문이지요. 여러 가지 경우의 수를 두고 머리를 아무리 굴려 봐도 '이게 좋겠다!'라는 답이 나오지 않았습니다.

그럴 땐 주변의 말을 참고하는 것이 가장 좋습니다. 그 지역의 사정을 잘 알고 있는 사람에게 "이곳 분들은 어떻게 하시나요?"라고 물어보고, 가르쳐 주시는 대로 따르면 됩니다. 로마에서는 로마법을 따르면 되는 것이지요.

마찬가지로 결혼식 축의금이나 관광지에서의 매너 등도 적당히 자신의 생각에 비추어 행동했다가는 낭패를 볼 수 있습니다.

잘 모를 땐 "여기서는 어떻게 하나요?"라고 물어보거나 조사를 해 보면 됩니다. 그렇게 다른 사람들이 어떻게 하는지 보면서 상식적으로 행동하면 창피를 당할 일은 없답니다.

'남들과 같으면 옳다'는
고정관념

우리는 날 때부터 상식을 익히지 않습니다. 성장하면서 주위 어른들로부터 배우며 터득해 가지요.

이때 사랑이 없는 상식을 강요받게 되면 아이들은 상식을 잘못된 방법으로 익히게 됩니다. 사랑이 없는 상식이지만 상식이니까 마땅히 따라야 한다는 잘못된 믿음이 생겨 버리기 때문이에요.

특히 동양인의 경우에는 그런 경향이 더 강할 수 있습니다. 동양에서는 예로부터 규율을 존중하는 풍조가 있었고 사람들의 기질도 성실하고 도덕적이기 때문에 '상식에서 벗어나는 행동을 해서 다른 사람에게 피해를 주어서는 안 된다'는 사고가 강합니다. 가정과 학교에서 다른 사람들과 유사하게 지내야 한다고 가르치고 있어서 조금이라도 눈에 띄는 행동을 하면 꾸지람을 듣거나 따돌림의 대상이 되기도 합니다. 당사자는 불쾌감을 느끼겠지요.

이런 경험이 차곡차곡 쌓여 '남과 똑같이 하는 것이 수월하다'는 상식을 뇌리에 새깁니다. 즉 '남과 다른 것=악'이라는 신념이 확립

되고 더욱 확고해집니다.

좋아하는 것과 싫어하는 것, 잘하는 것과 잘 못하는 것, 호감이 가는 것과 불쾌함을 느끼는 것 등 하나에서부터 열까지 사람은 저마다 생각이 다르고 다양합니다.

그럼에도 불구하고 남들과 비슷해야 한다고 강요하는 건 무리한 요구가 아닐까요?

예를 들어 지금 싫어하는 대상이 있다고 합시다. 만약 처음부터 거리를 두고 지냈다면 싫은 마음조차 생기지 않았을 겁니다. 그런데 '모두 사이좋게 지내야 해.'라고 강요하니까 늘 관심을 갖고 가까이 지내야 하고, 그러다 싫은 마음이 생기게 되는 것이지요. 어느새 미워지고 심지어 충돌하는 상황까지 벌어지기도 합니다.

게다가 그런 상태로 성장해서 사회에 진출하면 직장에서도 남들과의 거리감을 인식하지 못한 채 외톨이가 되거나 미움을 살 수 있습니다.

고생이 행복을
보장하지는 않는다

우리는 무슨 이유에서인지 고난을 극복하고 성공을 이룬 영웅

담처럼 개천에서 용이 나온 스토리를 좋아합니다. 힘겹게 고생하는 과정을 겪어야만 비로소 행복해질 권리가 있다고 믿는 사람이 여전히 많습니다. 행복이나 성공에는 늘 고생이 따른다는 생각이 상식으로 자리 잡고 있습니다.

가정에서 부모님은 "지금 참고 견디며 노력해야만 어른이 되어서 고생하지 않는다"는 위협적인 말로 필사적으로 공부하게끔 아이들을 채근합니다.

그렇다면 당신에게 한 가지 질문하고 싶습니다. 고생을 한 사람이 결국 행복해지고 성공한다면, 공부만 해 온 초엘리트층에게 마음의 병이 생기는 건 어떤 이유일까요?

반대로 어릴 적부터 부모님이나 선생님의 말씀을 듣지 않고, 좋아하는 일만 해 온 저는 왜 이렇게 행복한 걸까요?

대답은 명확합니다.

고생이 행복을 보장해 주지 않습니다. 현실은 오히려 그 반대입니다. '살면서 고생하는 것이 당연하다'고 생각하는 사람은 쓸데없는 중압감을 짊어지고 있을 뿐입니다.

그러니 점점 행복에서 멀어지는 거예요.

세상의 상식은 다를지 모르지만 고생은 불필요한 것입니다.

엄청난 성공을 거둔 사람의 전기를 읽어 보면 대부분 미리 짜 놓은 각본처럼 고생담이 나오는데, 정작 본인은 "그 정도까지는

고생하지 않았는데….".라고 할지 모릅니다(하하!)

과정에서 행복을 느끼며 성공한 사람들은 대체로 가벼운 마음을 갖고 있습니다. 인생에 시련이 닥치더라도 마치 서핑을 하는 것처럼 즐기며 극복해 나갔을 것입니다. "아주 높고 단단한 장벽이 있었지만, 하나씩 깨 나가는 과정이 짜릿했어요!"라며 즐거운 기억을 떠올릴 것 같습니다.

저도 그렇습니다.

고생이 고생처럼 여겨지지 않은 이유는 과정이 즐거웠기 때문입니다. 자신이 좋아하는 일을 하면서 어려움이 발생했기 때문에 그 어려움을 해결하는 과정에서 더 많이 배우고 성장할 수 있고 보람과 재미를 느끼게 됩니다. 그러고 보면 성공한 사람들의 전기를 고생담으로 구성한 것은 아마도 저자나 출판사가 아닐까요?(ᄉ)

주인공이 인내하며 매우 험난한 역경을 딛고 일어나서 결국 성공하게 되었다는 성공스토리가 대중에게 더 환영을 받을 테니까요.

길은 하나가 아니다

옛날 어느 사찰 마당에 길 잃은 사슴이 들어왔어요. 사슴이 마당의 꽃과 풀을 닥치는 대로 뜯어 먹어 버리자 이를 본 주지 스님은 "저놈의 사슴을 두들겨서 내쫓아라!"라고 했어요.

제자들은 이렇게 생각했습니다.

'산에 먹을 것이 없어서 어쩔 수 없이 마을로 내려온 것 아닐까?'

'배가 많이 고플 텐데 마당의 풀이라도 먹게 하면 좋으련만….'

'두들겨서 내쫓다니 사슴이 너무 불쌍해.'

제자들의 마음도 이해가 됩니다. 대부분의 사람들이 아마도 제자들과 같은 생각을 하지 않을까요? 그렇지만 오히려 저는 주지 스님의 말에서 아주 큰 사랑을 느낄 수 있습니다.

이번에 사슴을 그냥 내버려 두면 사슴은 인간에게 두려움을 느끼지 못할 것이고, 다음에는 마을까지 내려가게 되겠지요. 그렇게 민가에 자주 출몰하면 마을 사람들은 농작물 피해를 막기 위해 사슴을 죽여 버릴 겁니다.

그런 사태가 일어나는 것을 예방하기 위해서는 사슴이 인간을 두려워하게 되는 것이 좋고, 마을은 위험한 곳이라는 것을 알아야 합니다.

주지 스님은 사랑의 관점에서 "사슴을 두들겨서 내쫓아라!"라고 강경하게 말씀하시지 않았을까요?

제자들에게도 사랑이 있고, 주지 스님에게도 사랑이 있습니다.

양쪽 모두 사랑입니다.

이 이야기는 이 세상에서 답은 하나가 아니라는 것을 전해 주는 것 같습니다.

길은 얼마든지 있습니다. 그중에서 어떤 것이 자신에게 가장 좋은 길인지 잘 생각해야 합니다.

다시 원래의 이야기로 돌아가면, 제자들의 생각에 "맞아!"라며 맞장구를 쳐 주는 건 쉽습니다. 그렇지만 주지 스님의 말씀 이면에 있는 사랑까지 간파한다면 또 다른 길이 열리게 됩니다. 지금까지는 하나의 길밖에 보이지 않았는데, 사실은 주변에 다른 길도 있다는 것을 알게 되겠지요.

혹은 지금까지 보이지 않았던 길이 사실은 쉬운 길이었을 수도 있고, 깨끗하고 즐거워서 고생을 하지 않았을 수도 있어요.

만약 보이지 않았던 길로 걸어갔다면 손쉽게 성공할 수 있었겠지요?

인생이란 큰일부터 작은 일까지 선택의 연속입니다. 그 하나하나에 다른 길이 보인다면 미래로 이어지는 길은 무한대로 증가합니다.

당신은 그 무한한 길에서 어느 쪽이든 좋아하는 것을 선택할 수 있습니다.

이에야스는
성급한 사람이었다

한 가지 이야기를 더 해 보겠습니다. 여러 가지 방법이 있다는 것을 상징적으로 보여 주는 예가 바로 도쿠가와 이에야스의 이야기입니다. 당신도 아시다시피 이에야스의 성격을 나타내는 유명한 일화가 있지요.

"두견새가 울지 않으면 울 때까지 기다린다"는 말은 신중하게 때를 기다린다는 이에야스를 잘 보여 주는 대목입니다. 그 밖에도 이에야스는 "인생은 서두르면 안 된다." "인내는 지속적인 편안함을 누릴 수 있는 근본이다." "분노는 적이다. 이기는 것만 알고 지는 것을 모르면 위험하다." 등의 말을 남겼습니다.

이를 통해 이에야스라는 사람은 정말 참을성이 많은 평화주의자라고 생각하시는 분이 많을 거라 생각합니다. 너그럽고 묵직하고 그릇이 큰 인물이라고 말이지요.

그렇지만 제 생각은 조금 다릅니다. 저는 이에야스가 '성급하고 침착하지 못한 사람'이었다고 생각합니다. 참을성이 많은 큰 인물이라는 평가가 잘못되었다는 것이 아니라 이에야스에게는 의외로 성급한 면이 함께 있었다는 생각이 들었습니다.

만약 이에야스가 정말로 참을성이 많은 사람이었다면 본거지인 미카와에서 인내하며 기다리기만 하고 행동하지는 않았을 겁니다. 다른 나라의 무장들이 영역을 넓히기 위해 안간힘을 쓰든 말든 신경 쓰지 않고 가만히 앉아서 미카와를 지키는 일에만 집중했겠지요. 그런데 실제로 이에야스는 이 나라에서부터 저 나라까지, 이 성에서부터 저 성까지 차례로 공략하며 천하를 손에 넣었습니다.

저는 이러한 행동을 통해 이에야스가 성급하고 엉덩이가 다소 가벼운 인물이었을 거라고 생각합니다. 어느 것에 중점을 두고 보느냐에 따라 이에야스라는 인물에게 완전히 다른 해석이 부여됩니다.

물론 두 가지 해석에 모두 일리가 있습니다. 인간은 누구든 상반되는 기질을 가지고 있고, 때와 상황에 따라 어느 한쪽이 강하게 표출된다고 생각합니다.

이에야스는 묵묵하고 인내심이 강한 사람이지만 한편으로는 성급한 면도 있었을 겁니다.

당신의 삶에서도 여러 각도에서 나아가야 할 길을 모색해 보시기 바랍니다. 지금까지 전혀 관심을 두지 않았던 부분에서 뜻밖에도 사랑 가득한 길이 열릴 수 있으니까요.

상식도 발전하고
성장해야 한다

세상에는 분명히 잘못된 상식임에도 불구하고 어떤 이유에서인지 계속 상식으로 남아 있는 것이 있습니다.

잘못되었는데 상식으로 계속 존재하는 이유가 무엇일까요? 사고방식이나 법이 바뀌면 새롭게 적응해야 하는데, 아마도 여기에 공포를 느끼는 사람이 많기 때문일 겁니다. 현재의 상식이 싫긴 하지만 새롭게 바뀌면 더 힘들어질지도 모른다고 생각하는 거지요.

이처럼 새로운 미래를 긍정적으로 생각하는 사람보다는 부정적으로 내다보는 사람이 아직도 많이 있습니다. 미래의 밝은 빛이 보이지 않는 사람에게는 변화가 무섭기 마련입니다. 그런 사람들에게 아무리 "변화를 시도하면 더 좋아집니다." "그대로 내버려두면 더 괴로워집니다."라고 설명을 해도 변화를 비관적으로만 받아들입니다.

그럼에도 불구하고 시대가 변하기 때문에 우리의 상식도 바뀔 수밖에 없습니다. 상식은 물질과 같이 고정된 덩어리가 아니라 가변적인 사람들의 사고방식이니까요. 그리고 사람의 사고방식은 단순히 바뀌기만 하는 것이 아니라 진보하고 성장하면서 변화합니다. 즉 상식도 보다 좋은 방향으로 변해 가는 것이 당연한 흐름이에요.

실제로 과거와 현재의 상식을 비교해 보면 지금의 상식에 사랑이 더 많이 담겨 있습니다. 이 사랑의 크기는 앞으로 더욱 커져 갈 것입니다.

쉽게 능력을
인정받을 수 있는
세상이 되고 있다

최근 교육 현장에서는 스파르타식 교육이 줄어들고 있습니다. 과거의 학창 시절을 떠올려 보면 "어금니를 꽉 물고 견뎌 내라!" "정신 집중! 필승!"과 같은 군대식 근성과 끈기가 요구되었습니다. 엉덩이의 힘을 길러 오랜 시간 인내하며 공부하는 사람에게만 칭찬이 주어졌습니다.

솔직히 모두 싫으셨지요? 성적이 떨어지면 야단을 맞는 건 물론이고 심지어 얻어맞기까지 했습니다. 아무리 좋게 생각한다 해도 지나치게 엄격했습니다.

잘했을 때조차 "잘했어!"라는 말이 있는 그대로 들리기보다 "더 잘해야지!"처럼 몰아치는 느낌으로 전달되어 칭찬이 칭찬이 아닌 것 같았습니다(하하!)

그럼에도 불구하고 스파르타식의 교육이 통용될 수 있었던 이유는 사회 전반에 '공부를 하려면 모름지기 이 정도는 해야 해!'라는 생각이 상식으로 뿌리내려 있기 때문입니다. 상식이 꽤 잘 통하는 시대였지요.

하지만 오늘날의 교육은 다릅니다. 교육 방식에 부드러움과 가벼움이 없다면 열심히 하겠다는 의지로 이어지지 않습니다. 더욱이 요즘 사람들은 더 쉬운 방법을 배우고 싶어 합니다.

저는 긴자마루칸 공식 판매 대리점의 사장인 제자들이 찾아오면 가장 단순한 방식으로 그들을 가르칩니다. 일이 능숙해질 때까지는 "제가 하는 것을 잘 보세요."라고 말하며 싱글벙글 웃으면서 노하우를 쉽게 전해 줍니다.

그렇게 하면 제자들이 쉽게 이해할 수 있겠지요?

무엇보다 가르치는 제가 편합니다(하하!) 이것저것 말로 설명하는 것보다 시범을 보이는 편이 훨씬 효율적입니다.

제자들이 점차 능숙하게 일을 할 수 있게 되어도 곁에서 화를 내거나 꾸짖거나 잔소리를 심하게 한 적이 없습니다. 그렇게 했다면 서로 기분만 상하고 역효과가 일어났겠지요.

꾸중을 들을 필요도 없고 고생하지 않아도 된다면 모두 즐겁게 배울 수 있겠지요? 그래서인지 제자들이 먼저 자진하여 "히토리 사장님 혼자 모든 걸 하시도록 보고만 있을 수는 없어요."라며 필사적으로 배우려고 합니다. 그 결과 비교적 짧은 시간에 대부분의 업무를 익힐 수 있게 됩니다.

과거에는 스파르타식 교육이 당연하다고 생각하던 시대였기 때문에 저의 쉽고 참신한 교육 방법을 두고 제자들은 "히토리 사장님은 사랑으로 가르쳐 주십니다!" "이렇게 혁신적인 교수법이 있다니!"라며 좋아했습니다. 사실 저부터 친절한 교수법을 좋아했기 때문입니다.

저는 단순한 방식이 가장 짧은 시간에 보다 더 효과적으로 전달된다고 생각합니다. 언젠가 세상에도 좀 더 가볍고 쉬운 방법이 통하게 될 것이라고 생각합니다.

물론 아직도 과거의 방식이 필요한 경우가 있습니다. 엄격한 것이 무조건 나쁘다, 안 된다는 것이 아니라 자신의 역할을 수월하게 해 나갈 수 있는 분야가 늘어났고, 선택의 폭도 넓어졌다는 뜻입니다.

다 함께 목소리를 높이면
상식도 바뀐다

새로운 일을 시작하면 처음에는 비난과 저항을 받을 수 있습니다. 하지만 무슨 일이든 새로운 일에 사랑을 담아서 시작하면 결국은 사회에 수용되어 새로운 상식으로 자리 잡게 됩니다.

그렇다면 어떤 경우에 세상의 상식이 바뀔까요? 구태의연한 상식을 따르자니 가슴이 답답하고 불쾌함을 느끼는 바로 그때가 적절한 타이밍입니다.

잘못된 상식을 참고 견뎌 온 사람들이 "이건 아니라고 생각해." "사랑이 담긴 상식이 필요해." 등의 과감한 소리를 잇달아 발표한다면 반대하는 세력도 더 이상 당해 낼 도리가 없게 되어 새로운 상식을 받아들이게 됩니다.

최근 성희롱에 대한 기준이 매우 엄격해졌습니다.

이 정도쯤은 괜찮겠지, 하는 잘못된 생각으로 이상한 짓을 하면 즉시 성희롱 문제로 발전하고 소송이 시작됩니다. 패소하는 건 당연합니다.

예전에는 상사가 부하직원을 툭 치고 가기도 하고 어깨에 잠깐 손을 올려 두기도 했습니다. "돈독한 관계를 위해서 이 정도는 이해하지?"와 같은 구차한 변명이 통하기도 했지요. 그렇지만 좋아하지도 않는 이성이 조금이라도 신체 접촉을 한다면 싫고 불쾌한 감정이 들기 마련입니다. 분위기 때문에 그랬다거나 흥을 돋우려고 그랬다고 하면 어쩔 수 없이 참아 주는 게 관례였다고 할까요.

그런데 요즘 시대에는 남녀를 불문하고 성희롱 금지를 외칩니다. 이에 대한 이해가 깊어지면서 잘못된 과거의 상식이 바뀌어 이제는 싫은 것을 싫다고 말할 수 있는 것이 새로운 상식이 되었습니다.

또한 성희롱에 대해서도 남성은 가해자이고 여성은 피해자라는 과거의 프레임이 깨졌습니다. 가해자와 피해자는 성별에 관계가 없다는 인식이 생겨난 거죠. 지금은 남성이 여성을 상대로 고소하는 일도 많아졌습니다.

비슷한 예로 과거에는 여성이 결혼을 하면 일을 그만두고 전업주부가 되고 남자는 가장으로서 바깥일을 해야 했습니다. 이러한 관념이 상식으로 자리 잡고 있었기 때문에 결혼 후에 계속 일을 하고 싶은 여성도 어쩔 수 없이 퇴사를 하기도 했습니다. 집안일만으로 하루를 보내는 생활에 불만을 가지면서도 어쩔 수 없다며 단념했지요. 주변 사람들도 비슷한 선택을 했고 부모나 결혼 상대가 요구하기도 했으니까요.

그런데 지금은 여성이 사회에 진출해서 일하는 것이 당연한 시대가 되었습니다.

여성이 생계를 유지하고 남편이 가사나 육아를 담당하는 경우도 많이 늘어나고 있지요.

어쨌든 모두가 새롭게 목소리를 냄으로써 새로운 상식이 자리 잡게 된 것입니다.

싫은 일을 싫다고 말할 수 있는 것처럼 앞으로도 상식은 더 발전하고 진화할 것입니다. 훨씬 살기 좋은 세상으로 바뀌어 갈 것입니다.

3장

운과 매력을 폭발시키는
사랑의 상식 파괴

사람은 자유 의지가 있고
자유를 선택할 권리가 있다

신은 인간에게 자유 의지를 주었습니다.

사람은 각자 자유롭게 좋아하는 일을 생각할 수 있고 무엇을 말할 것인지, 어떤 행동을 할 것인지 등을 모두 스스로 선택할 수 있습니다. 그 결과로 이 세상에 여러 가지 일이 생겨났습니다. 우리는 다양한 체험을 통해 중요한 것들을 배워 갑니다.

상식은 신이 마음대로 만든 것이 아닙니다. 사람들이 각자의 자유 의지로 상식을 만들어 냈고 그 상식에 따를지 말지도 사실은 각자의 자유 의지에 달려 있습니다.

신은 상식을 제안한 적도 없고, 강제한 적도 없지요.

신이 정한 것이 있다면 '자유 의지가 세상을 계속 진보시킨다'는 흐름일 것입니다.

말이 좀 딱딱해졌나요? 상식을 따르느라 답답함을 호소하는 사람이 있다면 그것 또한 스스로의 의지로 선택한 것입니다.

주변 사람들에게 강요당했다고 느낄지 모르지만, 거부하려고 마음먹었다면 거부할 수도 있고, 저처럼 자신이 좋아하는 일만 하면서 살 수도 있으니까요.

"히토리 씨는 자유롭게 선택하고 살아도 되어서 좋겠습니다."라고 생각할 수도 있겠습니다. 분명히 태어난 환경의 차이는 있다고 생각합니다. 어릴 때부터 부모가 자유를 허락하지 않았거나 강한 압박에 시달리다 비극적인 선택을 하는 사람도 있습니다.

하지만 지금 당신은 부당하고 강제적인 것을 파악할 수 있고 그 누구도 당신의 자유를 빼앗을 수 없다는 것을 알고 있습니다. 이미 스스로를 기만하며 살고 싶지 않아서 제가 쓴 책을 읽고 계시는 건지도 모르겠습니다. 그렇다면 당신에게는 자유롭게 살아갈 힘이 있습니다.

신은 '자기 자신을 많이 사랑하라'고 합니다.

자유 의지가 없는 사람은 이 지구상에 한 명도 없습니다. 당신에게도 자유 의지가 있고 자유를 선택할 권리가 있습니다. 만약 지금까지의 삶이 괴로웠다면 사람이 사랑 없이 살 수 없다는 가르침을 철저하게 배우기 위한 과정이었을 거라 생각합니다.

그리고 시련을 통해 당신은 누구보다 깊은 사랑을 느끼게 되었습니다. 잘 들어 보세요. 사랑을 알게 된 당신은 지금 이 순간부터 사랑으로 살 수밖에 없습니다. 자신이 좋아하는 길을 당당하게 걸어가다 보면 모든 것이 순조로울 겁니다. 당신을 괴롭히는 그 어떤 존재도 자연스럽게 사라질 테니까요.

반드시 지녀야 하는
'그만둔다' 카드

주변 사람들이 입학, 혹은 취업 소식을 전했을 때 저는 항상 다음과 같은 축하 인사를 건넵니다.

"언제라도 좋으니 그만두세요."

상식적으로 생각한다면 이제 막 합격해서 출발하는 새내기에게 건넬 말은 아닐지도 모릅니다. 보통은 "좋은 학교에 입학한 걸 축하해. 대견하다!" "들어가기 어렵다는 대기업에 입사한 걸 축하해!"와 같은 인사말을 하겠지요.

물론 그것도 사랑이 담긴 축하의 말입니다. 그렇지만 "관두고 싶으면 언제든 그만두세요."라는 저의 인사말도 다른 사람들의 축하와 마찬가지로 사랑의 메시지입니다.

배움도 마찬가지이지만 새로운 일을 시작하면 얼마 지나지 않아 그 일이 자기와 맞지 않다는 것을 알게 되는 경우가 있습니다. 아무리 노력해도 좋아지지 않는 공부, 무엇을 해도 성취감을 느끼지 못하는 업무, 생각했던 것에 미치지 않는 즐거움 등 여러 가지 상황이 있습니다.

그런데도 정작 본인은 '주위 사람들의 기대에 어긋날 수는 없어.' '힘들게 좋은 학교에 입학했고, 좋은 회사에 입사했으니까 참고 견뎌 보자.' '쉽게 그만두면 체면을 구기는 일이지.' 등의 상식에 얽매여 본인과 맞지 않는 자리를 고수하는 경우가 많습니다. 상식에 너무 집착한 나머지 '그만둔다'라는 카드를 한 장도 가지고 있지 않은 것이죠. 그러면 괴로워질 수밖에 없습니다.

'아니다 싶으면 그만둘 수 있는 카드'를 지니지 않고는 빠져나갈 대안이 없는 겁니다. 그러니 참고 또 참을 수밖에요.

인내가 한계에 다다르면 인생을 포기하고 싶을 정도로 괴로워집니다. 마음에 병이 들 정도로 힘들어집니다.

특히 동양에서는 인내를 미덕으로 여기기 때문에 무조건 무시할 수도 없습니다. 그럼에도 저는 인내만큼 불필요한 것도 없다고 하겠습니다. 백 명 중 단 한 명이라도, 아니, 더 소수일지도 모르겠네요. 저 한 사람만이라도 '언제든 그만두어도 좋아요.' 카드를 전해 드리고 싶습니다.

물론 이 카드를 반드시 사용하라는 건 아닙니다. 그럴 필요가

없다면 사용하지 않아도 되지요. 중요한 것은 카드를 실제로 사용하느냐가 아니라 '최악의 경우가 생겨도 괜찮아. 나에게는 비장의 카드가 있으니까.'라고 내심 안도할 수 있는 대안을 마련하는 것입니다. 이렇게 생각하는 것만으로도 마음의 든든한 버팀목이 됩니다.

언제든 그만둘 수 있다는 생각은 마음의 여유가 되고, 그것이 과도한 스트레스를 경감시켜 줍니다. 그러니까 누구든 한 장은 가지고 있으면 좋겠습니다. 저는 사랑을 담아 '언제든 그만두세요.' 카드를 나눠 주고 있습니다.

개와 고양이보다도
자유가 없습니까?

사랑의 상식 파괴를 하는 이유가 무엇일까요? 행복해지기 위해서입니다.

지금의 삶이 괴롭다면 삶의 방식을 변화시켜야만 행복해집니다. 당신이 당연하다고 믿어 의심치 않는 상식에서 해방될 수 있어야만 행복해질 수 있습니다.

당신이 괴로운 상황에서 벗어나지 못하는 이유는 상식, 그것도 사랑이 쏙 빠진 상식에 얽매여 있다는 사실을 알아차리지 못했기 때문입니다. 바로 알아차리고 사랑을 떠올릴 수 있다면 누구든지 마음을 홀가분하게 하여 즐겁고 행복한 인생을 위해 더 쉽고 편안한 방법을 선택할 수 있습니다.

틀림없는 사실입니다. 사랑으로 살면 행복해진다는 것은 제가 100퍼센트 확실하게 보장할 수 있습니다.

예전에 제가 "부모가 자녀들의 결혼을 반대하다니 참 이상하네요. 지금은 그런 시대가 아니잖아요. 서로 좋아한다면 결혼하면 되고 그렇지 않으면 만나다 헤어질 수도 있고요."라고 말했다가 다음과 같은 말을 듣게 되었습니다.

"그렇게 제멋대로 굴게 놔두면 개나 고양이지 사람이 아니잖아요. 말꼬리를 잡는 것 같아서 미안하지만, 저의 대답은 이렇습니다."

"그럼 당신보다는 개나 고양이가 훨씬 진보적이겠군요! 하하!"

당신은 개나 고양이보다도 자유가 없나요?

뛰어난 두뇌로 '사랑으로 산다는 것은 무슨 뜻일까?' '마음 편히 살아도 주변에서 흐뭇해할 수 있는 방법이 있다면?' 하는 생각을 해 보면 정말 좋을 텐데 말입니다. 반대로 그렇게 생각해 보지 않았다면 정말로 안타까운 일이라고 생각합니다.

신은 우리에게 최고로 훌륭한 두뇌를 선물하셨습니다.

이 두뇌를 사용해서 어떻게 살면 행복해질지 생각해 봐야 합니다. 눈앞에 있는 사람에게 행복을 전해 주려면 어떻게 말하면 좋을지, 무엇을 해 주면 좋을지 생각해 보는 거지요. 그래야 사랑이 가득한 사람입니다.

사랑으로 행복한 삶을 살아갈지, 사랑이 빠져 있는 상식에 얽매이며 사랑이 빠져 있다는 사실조차 눈치 채지 못하고 괴로운 인생을 보낼 것인지는 당신의 '생각'에 달려 있습니다.

사랑과 매력이
가득한 일

시고쿠(四国)의 카가와현(香川県)에 만노지(満濃池)라는 일본 제일의 농업용 저수지가 있습니다. 이 연못은 대략 1,300년 전에 만들어진 유서 깊은 곳입니다. 당시 둑이 터져 무너졌을 때 복구하기가 어려워서 애물단지가 되었습니다. 일손도 부족했고 기술적으로도 한계가 있었지요.

이 국면을 어떻게든 타개해 보려고 코보대사(홍법대사, 별명:공해, 진언종의 창시자)를 파견했더니 금세 많은 사람이 모여 불과 2~3개월 만에 공사를 마칠 수 있었다고 합니다.

복구가 어려워서 골칫거리인 저수지였는데 코보대사는 짧은 시간 내에 복구를 마쳤습니다. 대단한 공적이었습니다.

옛날이나 지금이나 마찬가지라고 생각하는 것은, 리더에게는 리더십이 필요하고 그중에서도 인덕을 잘 갖추어야 한다는 것입니다.

인덕이 무엇일까요? 바로 그 사람의 매력입니다.

일을 잘해 내는 탁월한 능력을 갖춘 사람이 있고, 특별한 장기가 있거나 타고난 신체조건이 뛰어날 수 있습니다. 모두 다 중요한 조건이지만 그것만으로는 사람들이 따르게 할 수 없습니다. 그보다 더 상위에 있는 조건이 바로 그 사람의 매력입니다.

큰 임무를 완수해야 할 경우에 리더의 매력이 더더욱 필요합니다. 매력적이지 않으면 사람이 따르지 않고, 어렵게 사람을 동원했다 해도 많은 사람을 통솔하기 어렵습니다.

매력적인 사람이라면 능력이 약간 부족해도 크게 성공할 수 있습니다.

반대로 아무리 능력이 뛰어난 사람이라도 매력이 없으면 직장에서든 가정에서든 주변 사람들과 자주 갈등을 일으키게 됩니다.

그렇다면 이런 매력은 어디에서 오는 걸까요?

역시 사랑입니다.

사랑이 있는 삶을 사는 사람들은 사랑이 담긴 말을 합니다. 사

랑을 바탕으로 행동하기 때문에 그가 하는 일에 사랑이 가득합니다. 코보대사와 같은 사람이지요. 문제를 해결하기 위한 대책을 마련할 때에도 사랑을 바탕으로 하면 문제의 핵심을 파악할 수 있습니다. 상식에서 벗어나는 대책이라도 사랑이 담긴 최고의 상식 파괴가 됩니다. 또한 사랑이 담긴 상식 파괴는 사랑을 사방으로 전달하기 때문에 대단히 매력적인 요소가 됩니다.

이렇게 매력적인 사람이 이야기를 한다면 어느 누구라도 함께 하고 싶어집니다. 자신이 할 수 있는 일이 있다면 돕고 싶을 거고요. 그러니 매력적인 사람의 성공은 당연한 결과로 이어지겠지요.

'상식 파괴'라고 하면 '파괴'라는 단어 때문에 왠지 모르게 거친 남성적 이미지가 떠오를 수도 있습니다. 그렇지만 사랑의 상식 파괴는 여성에게도 적용됩니다. 어쩌면 여성이 남성보다 더 호탕하게 상식을 파괴할지도 모릅니다(하하!)

저는 이처럼 근사한 여성에게 매력을 느끼기 때문에 상식 파괴의 즐거움을 알고 있는 사람을 이상형으로 생각합니다.

남성도 물론 사랑이 담긴 상식 파괴를 하는 사람이 최고로 멋집니다. 만약 당신이 매력적인 사람이 되고 싶다면 지금부터 사랑을 전달하면 됩니다. 그렇게만 해도 당신에게 눈부신 인생이 펼쳐질 것입니다.

유쾌한 프로 상식 파괴자인
어머니

저의 어머니는 엄격한 면도 있으시지만 대단히 즐겁게 상식을
파괴하는 분이셨습니다. 지금 생각해 보면 어머니는 유쾌하게 상
식을 파괴하는 데 프로이셨던 것 같습니다.

한 가지 일화를 소개해 보겠습니다.

어머니는 '남자라면 한 번쯤은 놀이에 미칠 때가 있다'고 생각하
셨습니다. 그래서 입버릇처럼 "어차피 한 번은 미치게 놀 텐데, 한
살이라도 젊었을 때 놀고 끝내라"고 말씀하셨지요.

세상에는 술이나 여성, 도박 등 갖가지 유혹이 많기 때문에 남
자는 언젠가 한 번쯤은 그런 것에 빠지는 시기가 있다는 생각이셨
습니다. 남성들뿐 아니라 여성들에게도 쇼핑이나 달콤한 것, 그
밖의 여러 가지 유혹이 있겠지요.

무슨 이야기냐면, 젊은 시절을 지나치게 성실하고 모범적으로
보낸 사람도 나이가 들고 여유가 생기면서 유혹에 빠질 수 있고,
큰 빚을 지게 되거나 주변에 피해를 끼치는 등 끝이 좋지 않은 결
과가 생길 수도 있다는 것입니다.

솔직히 죽을 때까지 놀이를 모르는 인생은 정말 무미건조합니
다. 그러니까 젊었을 때 놀이를 경험하고, 일찍 놀아 보고 졸업하

는 게 낫다는 것이 어머니의 지론이었습니다.

저는 중학생 때 주위 어른들과 함께 경마장에 가 봤습니다. 어머니가 복권을 사 보겠냐고 권하시기도 했고요. 요즘 같은 시대에는 중학생에게 복권을 사 주면 문제가 되겠지만 당시는 지금보다는 조금 느슨했던 때이니 이 부분은 "라떼는…."이라고 생각하시고 너그럽게 이해해 주시기 바랍니다.

그렇게 가끔은 저를 풀어 주시기도 했지만 어머니는 항상 엄격하게 통제하신 부분이 있었습니다.

어머니가 철저히 지키게 하신 규칙은 무엇을 하든 제 용돈 범위 내에서만 즐길 수 있게 하신 것입니다. 그러니까 경마를 하러 가도 용돈 내에서 해야 했기 때문에 기껏해야 천 원이나 2천 원을 사용하는 정도였습니다.

그러다 보니 용돈이 금세 바닥났습니다. 중학생의 용돈은 얼마 되지 않았으니까요. 마권을 조금만 사도 지갑이 텅 비는 타격을 받았습니다(하하!) 그런 체험을 통해 저는 '도박은 득이 되는 게 하나도 없구나!'라는 걸 배웠습니다. 결국 그런 제 모습이 바보 같다는 생각이 들어서 경마 관람을 그만두게 되었고, 그 이후에도 도박을 해 보고 싶다는 생각이 조금도 들지 않았습니다.

물론 지금은 시대가 바뀌어서 당시 저희 어머니의 교육방식을 전적으로 추천할 수는 없습니다. 그렇지만 현재에도 사랑이 담긴 상식 파괴는 얼마든지 가능합니다. 당신도 유쾌하고 즐거운 상식 파괴를 해 보시면 좋겠습니다.

성실한 사람에게도
미소와 유머가 필요하다

세상은 넓고 그 속에는 다양한 사람들이 있기 때문에 그중에는 '누구보다 더 성실하게 살고 싶어요.'라고 하는 사람도 있을 겁니다. 그런 경우에는 무리하게 상식 파괴를 할 필요가 없다고 생각합니다.

상식을 지키며 사는 삶이 자신에게 맞고 마음이 홀가분하다면 그 사람에게는 상식대로 사는 것이 정답일 겁니다. 그대로 행복해질 수 있습니다.

다만 행복해지려면 거기에도 사랑이 꼭 있어야 합니다.

어떤 방법을 선택하든 사랑이 있는 사람이 행복합니다.

그런데 원래 불성실하고 기본적인 상식조차 체득하지 못한 사람이 상식적인 행동을 하게 되면 신은 그 사람에게 후한 점수를 줍니다.

기존에 시도하지 못했던 것에 도전해서 무언가를 이루어 낸다

면 당신의 영혼은 성장할 것입니다. 인생이 한 단계 위로 올라서
는 거지요.

하지만 영혼의 성장은 그것만으로 끝나지 않습니다. 바로 다음
단계로 도약하기 위한 또 다른 시련이 당신을 기다리고 있습니다.
그 시련은 바로 '사랑으로 살아야 합니다.'입니다.

우리 사회는 상식대로 사는 것이 중요합니다. 하지만 지나치게
상식적으로 행동하면서 힘이 잔뜩 들어간 표정을 짓는다거나 가
시가 담긴 말을 한다면 주변에 불쾌한 인상을 주게 됩니다.

스스로 제아무리 사랑으로 살아간다 해도 표정이 어두우면 주
변 사람들을 긴장시키고 신경 쓰이게 하겠지요. 불쾌감을 줄 수
도 있고요. 반면 언제나 온화한 미소를 짓는 사람이나 웃는 얼굴
로 대하는 사람은 주변 사람들을 기분 좋고 편안하게 해 줍니다.
이야기를 쉽게 꺼낼 수 있는 분위기나 웃는 얼굴에는 사랑이 담겨
있기 때문입니다.

성실함도 물론 좋지만 사랑으로 살고 싶다면 얼굴 표정과 말투
에도 신경을 써야 합니다.

예를 들면 일에 집중하고 있을 때는 무표정하더라도, 누군가 말
을 걸어 오면 활짝 웃는 얼굴로 응대하거나 미소 띤 표정을 지으
면 상대방의 기분이 편안해집니다. 그 사람에게 나에 대한 좋은
인상을 남기게 되지요.

평소에는 사사건건 서툰 사람이 갑자기 사랑이 담긴 농담을 건네는 것도 주변의 분위기를 최고로 띄울 수 있습니다. 반전이 있는 사람이라 더 매력적이겠지요(하하!)

일관되게 성실한 것도 좋지만, 표정이나 말투에서 사랑이 가장 많이 전달되기 때문에 미소 띤 얼굴이나 유머로 사랑을 표현하는 일도 중요합니다. 당신의 매력 지수가 한 단계 상향될 겁니다.

실수해도 좋으니
사랑이 깃든 길을 걸어라

이따금 상식을 인생의 매뉴얼처럼 생각하는 사람이 있습니다.

매뉴얼대로 하는 것이 가장 좋고, 거기에서 벗어나면 마치 큰일이라도 나는 것처럼 생각하기 때문에 모든 상황에서 상식을 기준으로 삼습니다. 상식이라는 레일에서 이탈하면 인생을 망친다고까지 생각합니다. 물론 경우에 따라서는 상식을 매뉴얼로 생각하는 것이 설득력을 갖기도 합니다. 그렇지만 인생을 통째로 상식으로 커버하려 한다면 그건 정말 괴로운 일입니다.

예를 들어 어떤 사람이 진학 여부를 놓고 고민을 한다면, 어떤 학교에 진학할지, 진학을 포기하고 취직을 한다면 어떤 직업을 택

할지 등의 중요한 사안을 놓고서는 상식을 운운하기보다 자신의 마음을 잘 들여다봐야 합니다.

인생의 중요한 갈림길에서 상식을 기준으로 생각한다면 '그럴 리가 없는데.' '왜 이렇게 된 거지?'라고 생각하게 되는 상황이 발생할 수 있습니다.

가장 존중해야 할 당신의 의견을 무시하면, 당신의 영혼이 가만히 있지 않을 겁니다. 조금 더 자기 자신을 알고 소중히 여기라며 크게 소란을 피울 겁니다. 그럼 우리의 삶이 심각하게 고달파집니다.

저는 어릴 때 학교에도 잘 가지 않고, 공부도 잘 못하는 아이였기 때문에 선생님과 부모님으로부터 이런저런 교훈적인 말씀을 많이 들었습니다. 보다 못한 어머니가 가정교사를 붙여 주신 적도 있었지요. 그렇지만 저는 필사적으로 저항했습니다. 가정교사가 도착하기 전에 슬그머니 집을 빠져나갔고, 집 밖으로 찾으러 나와도 이리저리 도망을 다니며 절대로 잡히지 않았습니다(하하!)

선생님의 귀중한 시간과 어머니가 열심히 일해서 모은 귀한 돈을 더 이상 낭비하지 않기 위해서라도 조금이라도 빨리 단념시켜 드려야겠다는 것이 제가 사랑을 표현하는 방식이었습니다. 상식대로라면 그렇게까지 할 바에야 차라리 공부를 하는 편이 부모님과 선생님에 대한 사랑의 표현이라고 생각하실지 모르겠습니다.

그렇지만 사랑을 표현하는 방법은 하나가 아니라 여러 가지가 있다고 생각합니다. 당시 어머니는 결석을 밥 먹듯 하는 아들 때문에 많이 힘드셨지만 제가 어른이 되고 나서는 굉장히 기뻐하셨습니다. "네가 사회에 참 잘 적응했구나, 잘했어!"라면서요.

인간은 미숙하기 때문에 어느 길이 사랑인지, 어떤 선택을 해야 할지 모를 때가 있습니다. 그럴 때는 틀려도 괜찮습니다.

어쨌든 당신이 '이건 사랑이야!'라고 생각하는 길로 나아가면 됩니다. 발을 내디며 시도해 보는 것이 중요합니다. 이해하셨지요?

그런 다음 잘못되었다는 생각이 들 때 방향을 전환하면 됩니다. 그뿐입니다. 당신뿐 아니라 모든 사람은 누구나 실패를 경험하고 이를 개선해 나가면서 성장합니다. 반복하다 보면 어느새 점점 능숙하게 사랑을 표현할 수 있게 됩니다. 괜찮습니다. 분명 다 잘될 거니까요.

공연한 참견은
단순한 괴롭힘이다

일본에서 이혼은 대체로 부정적인 이미지를 가집니다. 이혼이라는 표현 자체에 부정적인 생각이 없다 해도 이혼한 사람에게 결혼이나 이혼 같은 이야기를 꺼내는 걸 실례라고 생각하여 지나치게 마음을 쓰고 금기로 여깁니다.

무엇보다 이혼 당사자는 주변의 시선에 신경을 쓰며 열등감을 느끼기도 합니다. 아마 많은 사람들이 예전부터 이혼을 부끄러운 일로 여기고, 이혼한 사람에게 참을성이 부족하다는 편견을 갖고 있었기 때문이겠지요. 이는 사랑이 쏙 빠진 상식에만 지배되는 생각입니다.

사랑이 없는 상식을 내세워 쓸데없이 지나치게 참견을 하는 사람이 있습니다. "당신을 위해서 하는 말이라고 생각해 줘요. 아이가 있으니 더 참고 견뎌 봐요." 등 당사자의 사정을 잘 알지도 못하면서 조언을 하거나 지적을 합니다. 정말로 사람을 성가시게 하는 말들이죠. 무례하기 짝이 없고요.

타인에게 조언을 하려면 여러 번 심사숙고해야 합니다. 역지사지로 만약 당신이 당사자의 입장에서 들어도 괜찮겠다, 싶은 말을 해야 합니다. 추궁을 당한다면 어떤 느낌이 들지도 생각해 본 뒤에야 비로소 말을 건네야겠습니다.

사랑은 상대의 기분을 생각하는 것입니다.

당신이 듣기 싫거나 당사자가 곤란하겠다고 생각되는 것은 삼가야 합니다. 공연한 참견은 상대방에게 괴롭힘이 될 뿐입니다.

상대방의 입장에서 잘 생각해 보고, 그래도 '이것만은 그 사람을 위해서 전해 주는 것이 좋겠어!'라는 생각이 든다면 말을 해도 좋겠습니다. 단지 상대방이 그것을 어떻게 받아들이느냐는 그 사람의 자유겠지요.

당신이 하는 말에 귀를 기울이라고 무리한 요구를 하거나 강요하는 것은 선을 넘는 행동이고 이기적인 행동에 불과합니다.

이러한 것을 가슴속에 깊이 새기고 사랑이 빠진 공연한 참견은 삼가야 합니다.

사랑으로 살아가면
싫은 사람도 사라진다

만약 당신이 누군가의 공연한 참견으로 불쾌한 기분이 들었다면 꾹 참지만 말고 분명한 말로 전달해야 합니다.

"제 인생이니 간섭하지 말아 주세요."

"제 인생에 아무런 도움도 주지 않으면서 멋대로 참견하시는군요."

이렇게 분명하게 전달하면 상대는 틀림없이 입을 다물 겁니다 (하하!)

누군가의 인생에 참견을 하려면 대가를 지불해야 합니다. 지갑

은 열지 않고 입으로만 참견하는 건 너무 **뻔뻔한** 태도입니다.

다른 사람의 삶에 간섭을 하고 싶으면, 적어도 매달 생활비 정도는 내 줘야죠. 적어도 매달 300만 원 정도는요(하하!)

그러면 참견을 당하는 편에서도 '그렇다면 귀를 기울여 볼까?'라는 생각이 들지 않을까요?(하하!)

만약 이렇게 분명하게 전달하는 것이 어렵다면 마음속으로 단호히 거부하시기 바랍니다. '다음에 또 그런 말을 하면 백 배, 천 배로 되돌려 줘야지!'

이 정도로 강한 마음을 가져야 합니다.

강한 마음은 눈에 보이지 않는 강한 파동을 만들어 냅니다. 이 강한 파동의 에너지는 상대가 공연한 참견을 할 수 없게 합니다.

공연히 참견하기를 좋아하는 사람은 자기보다 약한 상대나 반론을 하지 못하는 상대에게만 이야기합니다. 자기보다 강한 사람에게는 절대로 공연한 참견을 하지 않습니다.

그러니까 당신은 이러한 특성을 잘 파악해서 강한 파동을 내보내면 됩니다.

다만 사랑으로 살아가다 보면 공연히 참견을 하는 사람은 물론이고 싫은 사람도 당신의 주변에서 이상할 정도로 모두 사라지게 됩니다.

왜냐하면 사랑으로 살아가는 사람은 주변 사람들이 모두 아군

이 되어 싫은 녀석이 있으면 힘을 모아 바로 물리쳐 주기 때문이지요.

무엇보다 당신에게서 분출되는 사랑의 파동이 너무나 눈부셔서 싫은 사람이 접근할 수도 없겠지만요. 싫은 사람에게는 밝고 눈부신 빛이 너무 이질적이기 때문에 가까이할 수 없거든요.

이런 의미에서 이혼을 예로 들면, 자기 내면에 흔들림이 있거나 '역시 이혼은 상식 밖이라 안 되겠어.'와 같이 사랑이 빠진 상식에 붙들려 있다면 싫은 사람에게 참견할 틈을 주는 겁니다. 사랑 없는 파동이 공연히 참견하는 사람들을 불러들입니다.

결혼하고 싶은 사람이 결혼을 하기로 했다면 잘한 선택이지요. 이혼하고 싶은 사람이 헤어지는 선택을 한 것도 잘한 결정입니다. 본인의 자유 의지로 선택했다면 두 선택 다 잘한 겁니다. 모두 행복을 위한 결정이었으니까요.

"그러니까 내가 그때 말했잖아." "내가 이렇게 될 줄 알았어."와 같은 말을 하는 사람이 있다면 일부러 아픈 곳을 더 아프게 만들려는 심보입니다.

이처럼 고약한 말을 하는 사람에게는 사랑이 쏙 빠져 있고, 아마도 험상궂은 얼굴에 심술보까지 붙어 있겠지요. 그 사람 주위에는 사랑이 없는 사람뿐일 겁니다.

당신은 이렇게 되지 않기 위해서라도 사랑으로 살면서 싫은 사람이 가까이 오지 못하도록 하시기 바랍니다.

지금 배우고 익히면
한층 더 진보된 수행을
하게 된다

저는 언제나 사랑을 중심으로 생각합니다. 어릴 적부터 습관을
들여서인지 그걸 당연하게 여기며 살아왔습니다. 하지만 우리 모
두는 불완전한 존재이기 때문에 사랑을 의식하면서 산다 해도 주
변에 사랑만 가득하다거나 사랑으로 꽉 차 있다는 느낌을 늘 받기
는 어렵습니다.

저 역시 '왠지 잘 풀리지 않네.'라는 생각이 들기도 합니다.

다만 잘되지 않는 경우라 해도 되도록이면 사랑이 꽉 찬 느낌에
다가가고 싶습니다. 신의 사랑에 가까워지고 싶습니다.

이러한 기분을 늘 기억하며 살아가다 보니 놀라울 정도로 성공
한 인생을 맞이하게 되었습니다.

무슨 일을 하든 평균보다 잘되었고, 수많은 동료들이 함께해 주
니 외롭거나 고독하지 않았습니다. 지금까지 저의 인생은 정말로
최고였고, 앞으로도 계속 최고를 갱신해 나갈 자신이 있습니다.

이것은 사랑으로 살아온 사람만이 맛볼 수 있는 행복감이며, 이런 기회는 누구에게나 평등하게 주어집니다.

제가 사랑으로 성공했듯이 당신도 사랑으로 살아간다면 원하는 성공을 이뤄 낼 수 있습니다. 당신에게 가장 어울리는 장소에서 가장 적절한 시기에 성공이 꽃처럼 활짝 피어나 행복한 인생이 펼쳐질 것입니다.

제 이야기에 조금 신비스러운 구석이 있기 때문에 믿고 싶은 사람에게만 전달되어도 좋겠습니다. 저는 철이 들 무렵부터 왠지 모르게 '마음을 가볍게 한다', '사랑으로 산다'는 것의 중요성을 피부로 느끼게 되었습니다.

누가 가르쳐 준 것도 아닌데 어떻게 알게 되었을까요?

아마도 제 추측으로는 제가 태어나기 훨씬 전부터 사랑으로 사는 것을 배운 게 아닐까 싶습니다. 제 영혼이 사랑으로 사는 것을 이미 알고 왔으니, 누가 가르쳐 주지 않아도 쉽게 실행에 옮기며 살 수 있는 것 아닐까, 하는 생각이 듭니다.

사람의 영혼은 몇 번이고 다시 태어납니다.

그러는 사이에 영혼은 배우고 익힌 것들을 분명하게 기억합니다. 경험이 리셋되는 일 없이 다시 태어날 때마다 우리의 영혼은 점점 성장해 갑니다. 이러한 것을 전제로 하여 말하면, 당신은 지금 사랑으로 사는 것을 알게 되었고, 그것을 실천하기 시작한다면

다음 생에서는 더욱 편하고 수월하게 살 수 있을 겁니다.

이번 생에서 사랑으로 사는 것을 완전히 습득했다면 다음 생에서는 '사랑의 깊이를 더한다'는 상급 수준의 수행이 준비되어 있을 거예요. 지금보다 더 행복하고 즐거운 인생이 펼쳐지는 거죠.

이렇게 생각한다면 이번 생은 이번 생대로 지금 눈앞에 있는 수행에 최선을 다하면 됩니다.

4장

상식 파괴로 대성공의 길을 열어라

대장은 최전선에서
겨뤄야 한다

저는 장기를 굉장히 잘 둡니다.

장기는 궁을 지키는 것이 룰이기 때문에 상대방의 궁을 먼저 잡은 사람이 승리하지요. 그래서 많은 사람이 궁을 쉽게 움직이지 않으려 하지만, 저는 느닷없이 공격하면서 전진합니다(하하!)

궁은 대장이라고 말할 수 있습니다. 가장 강력하기 때문에 모든 것 위에 있습니다. 가장 강하니까 제일 앞에서 출전해야 하는 것이 마땅하지요.

그렇게 하지 않으면 장기에서 대체로 지기 마련입니다(하하!)

무슨 뚱딴지같은 이야기냐고 하실지 모르겠습니다. 쉽게 말해서 저는 실생활에서도 그와 비슷한 스타일입니다.

장기처럼 실제 사회에서도 보통 대장으로 여겨지는 국가나 회사의 리더는 지시만 내릴 뿐 느닷없이 직접 움직이는 경우가 드뭅니다. 전쟁이 났을 때도 처음부터 대통령이나 수상, 군대의 총사령관이 출전하는 일은 거의 없습니다. 이것이 상식이라고 생각되지요.

하지만 저는 그렇게 하고 싶지 않습니다.

장기의 말이라면 감정이 없으니까 생각한 대로 움직이면 됩니다. 그렇지만 인간에게는 마음이 있습니다. 감정이 있지요.

대장은 뒤로 몸을 숨기면서 "너희들이 싸우고 와라." "이것을 해라, 저것은 하면 안 된다."라고 지시만 한다면 누가 대장을 따르고 싶겠습니까?

실전에서 대장이 전면에 나서면 쉽게 전사하지 않을까 염려하시만, 실제로는 그렇지 않습니다. 지시를 내리지 않아도 부하들은 반드시 대장을 도우려고 달려오니까요.

대장이 솔선수범해서 선두에 서면 자발적으로 '리더를 최전선에서 싸우게 할 수는 없다.' '모두가 도와야 한다.' '대장의 뒤를 따르자.'라고 생각하게 됩니다.

대장이 사랑을 보이면, 부하도 사랑으로 답합니다.

이러한 것은 제가 회사를 설립할 때부터 계속 실감하고 있어요.

뒤에 숨어서 지시만 내리는 것이 아니라, 무슨 일이 있을 때에는 사장인 제가 전면에 나서야 한다고 생각합니다. 제자들과 직원들을 지키는 것이 저의 일이라 여겼고 실제로 그렇게 행동해 왔습니다.

저는 저희 회사에서 일하는 모든 사람을 무엇보다 소중하게 생각합니다. 이런 제 마음을 모두가 잘 알고 있기 때문에 시간을 때우며 대충 일하는 사람이 한 명도 없고, 모두가 정말로 회사를 위해 일을 합니다.

덕분에 회사는 어떤 불황이 닥쳐도 꿈쩍도 하지 않았고, 경기를 타지 않고 지속적으로 흑자를 내며 성장하고 있습니다.

사업 면에서
히토리의 상식 파괴란?

제가 사업을 하면서 상식을 가장 많이 파괴한 부분이 있다면 세금을 잔뜩 내겠다고 한 결심입니다. 대부분의 회사는 절세 대책을 세웁니다.

그렇지만 제 생각은 조금 달라서 창업 당시부터 '세금은 기분 좋게 내야 한다'고 생각해 왔습니다. 절세 방법에 정통하기보다는 거래를 성공시키고 매출을 아주 많이 올려서 누구보다도 세금을 많이 내야겠다고 생각했습니다.

물론 이것은 저의 생각일 뿐 결코 절세가 나쁘다는 말이 아닙니다. 다만 저는 세금을 많이 납부하는 편이 좋겠다고 생각했을 뿐입니다.

이번 코로나 팬데믹 상황에서도 저는 평소 이상으로 분발했습니다. 국가가 위기에 직면하면 어려움에 처한 사람들을 지원하기 위해 막대한 돈이 필요합니다. 이때 사용되는 재원은 국민이 납부한 세금이지요.

코로나로 인해 세계 경제가 침체되었습니다. 평상시 이상으로 돈이 많이 필요한 상황인데, 오히려 세수가 뚝 떨어지니 나라 살림마저 어려워집니다.

이런 때는 납세할 수 있는 사람이 평소 이상으로 세금을 많이 내서 국가를 살리지 않으면 안 된다고 생각했습니다.

이것이 기업가의 역할이기도 하고, 회사를 유지시킬 수 있게 해준 고객에 대한 보은이기도 합니다.

국가는 사업가들이 거래를 할 수 있도록 토양을 제공해 줍니다.

모두가 지켜 준 덕분에 회사도, 저도, 직원들도 풍요롭게 살고 있습니다.

이렇게 생각하면 국가가 절박한 위기에 처했을 때 더욱 기분 좋게 세금을 내서 조금이라도 도움이 되는 것이 당연하다고 생각합니다. 이것이 저의 상식입니다.

그래서 코로나 팬데믹의 징조를 느꼈을 때, 저는 제자들에게 다음과 같이 말했습니다. "지금이야말로 우리가 나설 차례다. 세금을 많이 내 보자!"

저의 제안에 모두가 공감해 준 덕분에 코로나 상황임에도 불구하고 저희 회사는 엄청난 기세로 매출을 올렸습니다. 그 결과 예년 이상으로 세금을 납부할 수 있었습니다. 무엇보다 그렇게 세금을 납부할 수 있었던 것은 저희 상품을 구매해 주신 소비자들 덕분입니다. 모두에게 진심으로 감사하고 있습니다.

사랑이 있다면
일은 어렵지 않다

모두가 '일이 힘들다.' '성공은 남의 일이다!' '성공하기 어렵다.'라고 하는데, 저는 일이 힘들다고 생각한 적이 한 번도 없었고, 성공하는 것도 단순했습니다.

왜냐하면 절대로 실패하지 않는 성공의 법칙을 처음부터 알고 있었기 때문이지요. 성공의 법칙만 파악하고 있으면, 일이 힘들지 않고 누구나 성공할 수 있다고 확신합니다. 아니, 성공의 법칙을 알게 되면 실패할 수가 없습니다. 실천한 사람 앞에는 오직 행복의 길이 펼쳐지기 때문에 어떻게 하든 불행해지지 않는다는 것이 저 사이토 히토리의 성공 법칙입니다.

이 법칙은 바로 '사랑의 법칙'입니다.

당신이 '성공하고 싶다'고 염원하면서 사랑으로 살아간다면, 숨을 쉬듯 자연스럽게 성공에 도달합니다. 필요한 돈도 분명히 벌 수 있습니다.

일에서는 능력이 부족하면 어쩔 수 없는 부분이 있다고 생각할지도 모르지만, 능력만 갖추고 사랑이 없는 사람은 결국 원하는 성공을 거두기 어렵습니다.

오랜 기간에 걸쳐 계속 성공하고, 또한 행복이 지속되기를 바란다면 역시 능력보다 상위 단계에 있는 '사랑'이 필요합니다.

사랑이 있다면 능력이 부족한 사람이라도 신기하게 그것을 보완해 줄 수 있는 우수한 사람들이 주변에 모이게 됩니다. 응원해 주는 사람들도 나오고요.

자신도 모르는 사이에 사람들의 협력을 이끌어 내게 되어 '왜 이렇게 일이 술술 잘 풀리지?'라고 생각될 정도의 흐름이 생겨나게 됩니다.

실제로 제 경우에도 계속 그래 왔습니다.

독자들 중에는 제가 슈퍼맨처럼 뭐든 다 해낼 수 있는 사람이라고 생각하시는 분이 계실지도 모르겠습니다. 안타깝게도 저는 할 수 없는 것이 너무나 많은 인간입니다.

컴퓨터를 사용할 줄 모르고, 여태 휴대전화조차 가지고 있지 않습니다. 회사의 경리나 사무 업무도 서툴고 전혀 모르는 부분도 있습니다(하하!)

그런데도 곤란한 상황에 빠진 경우는 없었습니다.

제 곁에는 항상 누군가 친절한 사람이 있어서 저에게 용무가 있는 사람의 연락을 받아 주거나, 대신 이야기를 해 주거나, 비서도 아닌데 이런저런 일을 도맡아 줍니다. 회사의 자잘한 업무도 직원들이 빈틈없이 관리해 주고 있습니다. 가끔 '어떻게 하지?' 하는 고민이 생겨도 재빠르게 누군가가 도와주기 때문에 곤란해질 틈이 없습니다(하하!)

제가 잘할 수 있고 자신 있는 일은 신상품의 아이디어를 내거나 회사의 핵심 업무에 관련된 지혜를 짜내는 것입니다. 이 경우에도 제가 "이렇게 하자"고 하면 즉시 실행에 옮길 수 있는 직원들과 파트너들이 나타나서 일의 형태를 만들어 줍니다.

사랑으로 살면 자신이 잘하는 것에만 전념해도 회사와 인생이 다 잘 풀립니다. 사랑의 길이 생겨나는 것이지요.

저는 단 한 번도 일이 힘들다고 느낀 적이 없는데, 돌아보니 어느새 성공한 사업가가 되었습니다. 사랑으로 살면 일도 인생도 정말로 즐겁습니다.

동료끼리 서로를
방해하는 이유는?

같은 회사 동료가 다른 동료를 방해하는 경우가 있습니다.

누구보다 먼저 출세하고 싶고, 공을 세워서 회사에서 인정받고 싶고, 동료들을 앞질러서 1등이 되고 싶은 이기적인 욕망 때문입니다. 그 욕망이 다른 직원의 일을 방해합니다.

물론 공정하게 선의의 경쟁을 하며 성장해 간다면 경쟁은 필요하고, 얼마든지 경쟁을 해도 괜찮다고 생각합니다.

그러나 동료를 질투하여 일부러 곤경에 처하게 한다거나 나쁜 소문을 퍼뜨린다면 그야말로 최악입니다. 사랑이 있는 사람이 할 짓이 아닙니다.

동료는 본래 몹시 고마운 존재입니다.

서로 의지하고 격려하면서 같이 성장할 수 있는 소중한 동지입니다. 모르는 것은 서로 가르쳐 주고 함께 전진한다면 조금 시간이 지체될지라도 모두의 능력이 성장합니다. 그런 회사에서는 마음 편히 근무할 수 있어서, 사람들이 어지간해서는 그만두지 않아요. 회사로서도 매우 고마운 일이지요.

그렇게 회사가 성장하면 직원의 연봉도 오릅니다. 모두에게 좋은 회사가 되는 거지요.

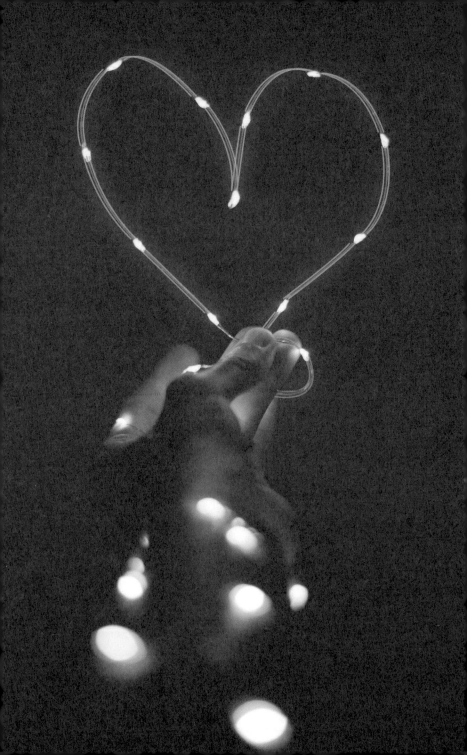

반대로 직원 간에 질투나 미움이 있고 경쟁을 일삼는 회사에서는 냉혹한 경쟁에서 능숙한 사람은 살아남지만 그렇지 않은 사람은 도태되고 밀려나게 됩니다. 좋은 직원은 분위기가 나쁜 회사에서 버티는 것이 어려워 금세 그만두기 때문에 그런 회사에는 결국 사랑이 없고 탐욕스러운 사람만 우글거리게 됩니다.

사랑이 없는 직원들만 있는 회사에서 고객을 위해 좋은 것을 만들거나 좋은 서비스를 제공할 수 있을까요? 그럴 수는 없을 것 같습니다. 그런 회사는 지금 당장은 괜찮다 해도 머지않아 기울기 시작할 겁니다.

자신만 위로 올라가고 싶다고 해서 남을 떠미는, 마음이 가난한 사람은 문득 정신을 차리고 보면 외톨이가 되어 있습니다.

주위에 아무도 남지 않고, 있다고 한들 싫은 사람들만 남게 되지요.

아무도 그의 성공을 기뻐해 주지 않고, 위로해 주는 사람도 없습니다.

상황이 이렇게 되면 결국 위로 올라갔다 해도 즐겁지 않고 행복하지 않습니다.

저희 회사에서는 매출을 늘리는 대리점의 방식이나 고객이 기뻐할 만한 아이디어 등이 있으면 모두가 공유합니다.

성공을 거둔 방법을 '이것은 내가 생각해 낸 방식이니까.'라며 숨기지 않고, 동료 간에 서로 가르쳐 주고 있습니다. 운영이 잘 되지 않는 대리점이 있으면 모두 응원하고, 협력도 아끼지 않습니다. 방해를 하기는커녕 서로 밀어 주면서 모든 직원이 지속적으로 성공을 하고 있어요.

그러면 일은 당연히 즐거워지고 동료 간의 관계도 매우 좋아집니다. 사장과 사원 간의 경계조차 없습니다. 쉬는 날에도 모여서 맛있는 것을 먹으러 가거나, 연극을 보러 가거나, 여행을 하며 즐기기 때문에 인생도 즐거워집니다.

이런 것이 진정한 동료입니다. 동료에겐 함께 성장하는 즐거움이 있습니다.

불만스러운 얼굴에
사랑의 결핍이 보인다

제 경험이나 이야기를 듣고 실천하는 주위 사람들의 인생을 보면서 '성공은 사랑에 비례한다'고 확신하고 있습니다.

그래서 '사랑이 중요하다'고 계속 전파하고 있습니다. 그러면서 항상 안타깝게 생각하는 것이 있는데, "저는 사랑을 전달하는데 왜 성공하지 못할까요?"라고 질문하는 사람들입니다.

그런 질문 자체가 "나에게는 사랑이 없습니다."라고 자진 폭로를 하는 것 같기 때문입니다.

조금 더 직설적으로 말하면 성공하지 못하는 사람에게는 사랑이 결여되어 있습니다. 성공하지 못하는 것은 신께서 '하루 속히 진정한 사랑을 깨달아라.'라는 메시지를 보내는 것인데, 이를 눈치 채기는커녕 불만으로 가득 차 있습니다.

사랑을 보내고 있지만 뭔가 일이 잘되지 않는다고 말하는 것이 사실일까요? 자신은 사랑을 보내고 있다고 생각하지만, 주위 사람들은 그것을 사랑으로 수용하지 못하는 것 아닐까요? 아마도 제대로 검증을 하지 않았겠지요.

왜냐하면 진정한 사랑을 보내고 있는 사람이라면 틀림없이 인생이 잘 풀렸을 테니까요. 지금까지 저는 사랑을 보내고 있는데 성공하지 않은 사람을 본 적이 없습니다.

애초에 불만이 가득한 사람이 사랑으로 살 수는 없습니다. 사랑과 불만은 상반되는 것이어서 불만스러운 얼굴로 "저는 사랑을 전달하는데 왜 성공하지 못할까요?"라고 하는 것은 모순이라고밖에 볼 수 없어요.

살아가면서 누구나 불쾌한 경험을 하기 마련입니다. 하지만 사랑이 있는 사람은 그 불쾌감을 언제까지나 질질 끌고 다니지 않습니다.

그것으로 무언가 배울 점이 있겠구나, 하며 즉시 밝은 생각으로 전환합니다.

신이 응원하는 사람이지요.

사랑을 보내지 않았으면서 "왜 저는 성공하지 못합니까?"라고 신에게 따지는 사람이라면 아무리 신이라 해도 불쾌하지 않을까요?(하하!)

이처럼 사랑이 없는 사람은 그 누구도 응원하고 싶지 않을 테니까요.

일이 잘 풀리지 않는다고 해서 다른 사람들에게 불만을 표출한다면 평균적인 사람이거나 그 이하라고 할 수 있습니다.

만약 당신이 그저 그런 별 볼 일 없는 인생을 추구한다면 상관없겠지만, 더 행복해지고 싶고, 더 성공하고 싶다면 보통 사람들처럼 해서는 안 됩니다.

사실 사랑을 보낸다는 것은 끝이 없는 수행입니다.

단순히 '이 정도 사랑을 보내면 100점이겠지!'가 아니라, 망설이고 되돌아가서 반복적으로 사랑의 크기를 점점 더 키워 나가야 합니다.

이것을 잘 이해한 후에 다시 한번 사랑으로 사는 것에 도전해 보세요.

그러면 보이는 풍경이 바뀌게 됩니다.

불평 속에 여전히
남아 있는 불씨

저도 그렇지만 제 제자들 모두 푸념이나 불평을 늘어놓지 않습니다. 코로나 대유행 때문에 애가 타서 정부나 회사를 상대로 생트집을 잡는 사람도 있지만, 제 주변에는 그런 사람이 한 명도 없었습니다.

모두가 "어쩌지? 큰일이네!" "정부에서 더 이상 지원해 주지 않아서 힘들어."라고 초조해하거나 불평할 때, 저는 늘 그렇듯 그 시간을 웃으며 보냈습니다. 코로나 시국에서 무언가를 새롭게 배울수 있다는 생각에 오히려 마음이 두근거렸으니까요.

제 동료들은 불평보다는 사랑을 소중히 여기는 사람들이기 때문에 아무리 불평불만이 쏟아질 것 같은 상황에서도 어떻게든 배우려고 합니다.

이미 발생한 일이라면 '이번 경험을 통해 무엇을 깨달을 수 있을까?' 생각하며 영혼이 성장하는 기회로 연결시키려 합니다.

불평을 멈추지 않는 사람은 근본적인 문제를 해결할 수 없습니다. 아무 생각 없이 친구나 가족에게 푸념을 하면, 일시적으로는 속이 시원해진 느낌이 들겠지만 사랑을 통해 근본적으로 해결하지 않았기 때문에 불씨가 계속 남아 있게 됩니다.

그래서 얼마 뒤에 또다시 힘든 일이 생기면, 불씨가 확 타올라서 더 심한 불평의 폭풍우가 됩니다. 그런 상황이 반복되면 당신에게서 분출되는 것은 불평의 파동뿐이기 때문에 그야말로 불평이 가득한 인생이 될 것입니다.

스스로 만들어 낸 질척한 파동이 질척거리는 인생을 끌어당기는 겁니다.

불평은 하겠다고 마음먹으면 얼마든지 나옵니다. 그것을 참고 견디며 말하지 않는 것도 즐거운 도전입니다.

시험 삼아 "지금부터 3일간은 절대로 불평을 하지 않을 거야."라며 게임하듯 도전해 보는 건 어떨까요?

지금까지 불평만 하던 사람이라면 짧게 3일만 실행해도 현실이 조금 변해 있을 겁니다.

단지 며칠 정도로는 큰 변화가 생기지 않을지도 모르지만, 적어도 불평하지 않는 자신을 발견하고, 그런 자신이 조금은 좋아질 수 있어요. 그 정도만으로도 대단한 수확이라 하겠습니다.

나 자신을 좋아하게 되는 것이 사랑의 시작이니까요.

모두가 불평하지만 나 자신은 불평하지 않는다.

이런 것이야말로 사랑이 있는 상식 파괴라 할 수 있겠습니다.

큰 성공을 이루는
세 가지 비법

사업은 지혜 겨루기입니다.

어떻게 하면 고객을 기쁘게 할까, 무엇이 사회에 필요할까 지혜를 짜내야 합니다. 게다가 그 지혜는 자신은 물론이고 함께 일하는 동료에게도 즐겁고 풍요로워야 합니다.

그런 지혜에 필요한 것이 무엇일까요?

두말할 필요도 없이 '사랑'이라고 하겠습니다.

사랑이 없는 아이디어는 전혀 의미가 없습니다.

사랑이 없으면 자신과 동료, 고객, 세상을 모두 만족시키는 '세 가지 비법'(판매자, 구매자, 세상에 모두 좋다는 일본 에도시대 상인의 중요한 경제 이념)의 아이디어가 떠오르지 않습니다.

'세 가지 비법'의 아이디어를 짜내려 한다면, 어떻게든 사랑을 중심으로 생각해야 합니다.

'세 가지 비법'이 완성되면 정말 굉장한 일이 일어납니다. 신께서 통과했다는 신호로 동그라미를 표시하면 단숨에 일에 힘이 붙어서 이른바 대박이 터집니다.

사업이 잘되는 것은 신으로부터 '세 가지 비법이 잘되고 있어요.'라는 동그라미 사인을 받은 것입니다.

'세 가지 비법'의 아이디어를 내려면 초조해하지 않고, 하나씩 체크해 보아야 합니다.

우선 스스로가 즐겁고 자신에게 이득이 되는 것을 고른 뒤, 동료도 함께 웃을 수 있을 만한 것을 생각해 보시기 바랍니다. 하나가 아니라 여러 가지를 생각해야 합니다.

그다음에는 자신과 동료에게 이득이 되는 것 중에서 고객도 기뻐할 만한 것을 골라 보세요. 여기까지 잘되었으면 일단은 성공한 셈입니다.

그러면 이번에는 좀 더 많은 사람, 즉 세상에 큰 이득이 될 만한 일을 합니다.

제 경우에는 세금을 많이 납부함으로써 모두에게 기쁨을 주는 것이 여기에 해당됩니다.

세상에 이득이 되는 일을 하려고 하면 큰 성공을 거둘 수밖에 없어요.

그리고 이 정도로 해냈다면 신의 응원을 받을 수 있는 단계이니까, 그것이 순풍이 되어 대성공도 어렵지 않습니다.

'세 가지 비법'의 사업을 한다면 성공, 그것도 아주 큰 대성공을 거둘 수밖에 없습니다.

무조건 잘될 거예요.

어디서나 모두에게
사랑을 전달하자

　회사를 설립한 후, 저는 잠자는 시간을 제외하고는 저 자신이
장사꾼이라는 것을 잊은 적이 없습니다.
　밖에서 걸을 때나 차로 이동할 때, 여행을 떠났을 때나 쇼핑을
갔을 때, 그리고 식사를 하러 갔을 때조차도 저는 언제나 장사꾼
입니다.
　지금 이 순간에도 장사꾼인 사이토 히토리입니다.
　장사꾼인 이상, 저는 제 자신이 장사꾼이라는 것을 잊으면 안
된다고 생각하고 있어요.
　왜냐하면 우리 상품을 사 주는 고객을 언제 어디서 만나게 될지
모르기 때문입니다.
　고객을 만나게 되면 감사의 말씀을 전하고 싶어요.
　항상 응원해 주시는 것에 대한 답례로 사랑의 파동을 보내고 싶
습니다.
　"당신은 저희 고객이신가요?"라고 일일이 물어볼 일이 없기 때
문에 실제로는 밖에서 고객과 스쳤다 해도 저희 고객인지를 알 수
없습니다.
　'혹시 이분이 우리 단골 고객은 아닐까?'라는 생각이 들면 그냥

모두 우리의 고객이라고 생각하는 편이 좋을 것 같습니다.

그러한 상황을 생각한다면, 자신이 장사꾼이라는 것, 그리고 수많은 고객의 도움을 받고 있다는 것을 한순간도 잊어서는 안 됩니다.

어떤 때이든 사랑을 하지 않으면 안 돼요.

밖에 나가면 여러 가지 일이 생깁니다.

자주 듣는 이야기는 쇼핑을 하러 갔다가 손님을 대하는 태도에 불쾌함을 느껴서 기분이 상했다는 것입니다.

그 밖에도 식사를 하러 갔는데 음식이 입에 맞지 않아서 기분이 나빠지거나 운전을 하고 있는데 막무가내로 끼어드는 차가 많아서 화가 나는 등 불쾌함, 초조함, 실망감 같은 것들을 일일이 거론할 수 없을 정도입니다.

하지만 저는 그런 기분이 들지 않습니다.

혹시라도 상대방이 우리 제품을 사용하는 사람일지 모르니까요. 지금 당장은 고객이 아니라도 앞으로 고객이 될 날이 올 수도 있으니까요.

그렇게 생각하면 조금도 화가 나지 않습니다.

그렇다고 해서 싫은 일을 당했는데도 무조건 참으라는 건 아닙니다.

사랑으로 생각한다면 '상대방에게 무슨 사정이 있겠지. 오늘은

조금 기분이 나빠서 그런 걸 수 있으니 이해해 주자'는 생각이 들 거예요. 사랑이 있으면 사소한 일은 웃으며 용서할 수 있습니다.

오히려 싫은 기분이 들면 '나는 다른 사람에게 불쾌한 감정을 주지 말자'는 배움을 얻으면 됩니다.

일어난 일을 사랑으로 해석한다면 억지로 참는다고 말할 수 없지요. 이런 일도 생길 수 있다고 생각할 뿐, 싫은 것은 곧 잊어버리게 됩니다.

가끔은 "상대방이 마루칸의 창업자인 제 얼굴을 모르는데 그렇게 하는 게 의미가 있습니까?"라고 묻는 사람이 있습니다. 하지만 사랑의 파동은 반드시 고객에게 전달됩니다.

우리는 광고도 많이 하지 않는데, 무슨 이유에서인지 많은 고객으로부터 사랑을 받고 있습니다. 저는 저희들의 사랑이 전해지는 증거라고 생각합니다.

만일 가게 안에서는 싱글벙글하던 사람이 가게 밖에서 만났을 때는 태도가 좋지 않거나 화가 난 표정을 하고 있다면 그런 가게에는 가기 싫을 겁니다.

아무도 보고 있지 않다고 생각할 수도 있지만 그런 생각을 하는 사람일수록 누군가 보고 있을 겁니다(하하!)

무엇보다도 신은 항상 지켜보고 있답니다. 절대로 신을 속일 수는 없습니다.

승부에 집착하지 않는
경지에 이르다

일뿐만 아니라 요즈음은 스포츠 세계에서도 '즐거운 감독', '틀을 깬 즐거운 연습'을 한 선수나 팀이 특히 좋은 성적을 내고 있다고 느낍니다. 즐거운 것이 사랑이고, 사랑이 있는 사람은 강하기 마련입니다.

옛날 상식으로는 생각할 수도 없겠지만 앞으로는 점점 이렇게 '즐기는 사람이 승리한다.'라는 진리가 새로운 상식으로 뿌리를 내리게 될 겁니다.

최종적으로는 사랑이 중심에 있으면 승부에도 구애받지 않게 될 겁니다.

승부에서 이기는 것은 물론 기쁜 일입니다.

다만 사랑이 있으면 승부를 겨루는 것만으로도 충분히 즐겁기 때문에 패배했을 때에도 초조하거나 한탄하거나 슬퍼할 일이 없게 됩니다.

상대방에게 감사하는 마음과 존경심, 그리고 "즐거웠어요!" "다음에도 힘을 냅시다!"와 같은 밝은 기분이 들 뿐이죠.

승부에 관계없이 상쾌한 기분으로 시합을 할 수 있습니다.

그렇지만 이런 감각의 소유자는 승부를 거듭할 때마다 강해지기 때문에 승부에 집착하지 않아도 결국은 이기게 되지요.

사랑이 중심에 있다는 것은 이기고 지는 것을 떠난 인간의 기본 자세라고 생각해요. 인간성이 좋은 사람에게 무언가 결과가 따라오는 것이 당연하지 않나요?

그리고 일에는 원래 경쟁 자체가 없다고 할 수 있습니다.

뉴스에서 종종 △△회사가 도산했다거나 ○○회사가 타사의 추종을 불허할 정도로 높은 실적을 올렸다는 기사를 접하게 되는데, 이것은 경쟁에서 져서 도산한 것도 아니고, 경쟁에서 이겨서 매출을 늘린 것도 아니에요.

예를 들어 경쟁하는 회사가 두 곳 있다고 가정하고, 한쪽이 살아남았다고 합시다.

이것은 다른 한쪽의 회사가 경영을 잘 못해서 스스로 망한 것이에요. 즉 경쟁사가 탈락했기 때문에 다른 회사가 '경쟁에서 이겼다'고 생각하는 것뿐입니다. 어느 쪽이 패했다거나 승리를 한 것이 아닙니다.

사업은 회사 간의 경쟁이 아니라 고객과 세상에 대한 아이디어 승부입니다. 타사가 아니라 자신과의 싸움이죠.

고객과 세상을 웃는 얼굴로 만들려면 사랑으로 지혜를 짜내야합니다. 사랑이 있는 경영으로 시대에 맞게 '세 가지 비법'을 지속하는 것이 핵심입니다.

그것이 가능해진다면 신이 응원을 해 주기 때문에 타사를 이기기 위해 쓸데없는 생각을 하지 않아도 회사는 자연히 성장합니다.

노력했는데도 회사 경영이 잘 안된다는 사람이 있는데, 노력했다고 해서 반드시 '세 가지 비법'이 이루어지는 것은 아닙니다.

사랑을 중심으로 생각하고, 모두가 기뻐할 수 있는 지혜를 짜내야 합니다.

그리고 다른 회사도 마찬가지로 '세 가지 비법'이 가능하다면 계속 성장할 수 있습니다. 모두 승리하면 좋겠지요.

5장

지금부터 사랑으로 살아가려면

사랑으로 바라보면
고민이 단번에 해결된다

누구에게나 고민이 있습니다.

언뜻 봐서는 고민이 전혀 없을 것 같은 사람도 실제로는 여러 가지 문제로 머리 아파할 수 있고, 어쩌면 당신보다 더 많은 문제에 직면하고 있을지도 모릅니다.

그런데도 어째서 고민하고 있는 것처럼 보이지 않을까요? 그것은 문제가 일어났을 때의 대처방법이 다르기 때문입니다.

문제가 생겼을 때 단순히 겉으로 드러난 부분만 보고 해결하려 하면 좋은 답이 나오지 않습니다. 일단 그럴듯하게 해결된 것처럼 보여도 금세 같은 문제로 골치 아픈 상황이 발생합니다.

여기서 반드시 확인해야 할 포인트는 진정한 의미에서 문제를 해결하지 못했다는 것입니다. 임시방편으로 해결했다 하더라도 문제의 본질에 접근하지 못했기 때문에 언젠가는 비슷한 문제가 또 일어납니다.

병이 들었을 때, 그 근본 원인을 치료하지 않고 일시적으로 증상만 개선한다면 결국 다시 재발하고 마는 것과 마찬가지입니다.

그렇다면 어떻게 근본적으로 해결할 수 있을까요?

사랑으로 해결할 수 있는 방법을 찾아보아야 합니다. 사랑으로 해결하려는 사람은 남의 눈을 속이는 것 같은 해답을 내놓을 수 없습니다. 자신과 주위에 사랑이 전달되는 방법을 찾아낸다면 근본부터 해결하는 방법을 발견한 것입니다.

이것이 정말로 놀라운 배움입니다.

당신에게 일어나는 문제는 그것이 어떤 것이든 모두 다 당신의 성장을 위한 것입니다. 그리고 지금 당신이 마주해야 하는 인생의 화두이겠지요. 이러한 전제로 당신의 문제를 사랑으로 해결해 보세요.

사랑으로 생각했을 때에는 가끔 상식을 초월하는 뾰족한 대책도 나오기 때문에 엄청난 발견을 할 수 있습니다. 그러고 나면 '별로 대단한 고민도 아니네.'라며 마음이 한결 가벼워집니다.

그럼 '문제가 생겨도 고민하지 않는 사람'이 되겠지요. 사랑의 시점으로 바라본다면 문제를 단번에 해결할 수 있기 때문에 오래도록 고민하는 일이 사라집니다.

인생은
작은 결정이 축적된
결과물이다

우리는 매일 수많은 선택과 결정을 반복하며 살아가고 있습니다. 잠시 쇼핑을 하는 중에도 '계란은 어떤 게 좋을까?' '우유를 사야 하나 배달을 시킬까?' 등 극히 사소한 일까지 선택과 결정을 내려야 하는 경우가 빈번합니다.

일을 할 때에도 '어느 작업을 먼저 하는 게 좋을까?' '회의는 몇 시에 할까?'와 같이 세세한 것에서부터 '신제품 개발 예산은 얼마로 잡아야 적당할까?' '이 계약을 진행해도 되나?'와 같이 중요한 결정에 이르기까지, 셀 수 없을 정도로 많은 선택과 결정을 내려야 합니다.

그렇지만 일상생활에서는 큰 결단을 내려야 하는 경우가 그리 많지 않습니다.

스스로 결정해야 하는 일은 대부분 작은 일입니다. 인생은 작은 결정의 축적이라고 해도 과언이 아닙니다.

대수롭지 않은 선택이 축적되어 결국 인생을 크게 좌우하게 됩니다.

예를 들면 제 경우에는 캔 커피를 좋아하기 때문에 함께 있는 동료가 카페에서 커피를 테이크아웃할 때에도 저는 편의점에서 캔 커피를 삽니다(하하!)

특별히 절약하기 위해서 그러는 건 아닙니다. 전 정말로 캔 커피를 더 좋아하기 때문에 가격이 싸든 비싸든 상관없이 제가 더 좋아하는 쪽을 선택하는 것뿐입니다. 카페의 커피를 좋아하는 사람은 저를 신경 쓰지 않고 본인이 좋아하는 것을 마시면 됩니다. 그렇게 양쪽 모두 본인이 좋아하는 것을 선택하면 되는 것이죠. 모두에게 자유가 있으니까요.

또 저는 목적지를 정하지 않고 드라이브를 하며 여행을 떠나는 것을 좋아합니다. 도중에 갈림길이 나오면 마음이 즐겁고 편안한 쪽이나 깨끗하고 정갈한 길, 더 밝은 쪽을 선택합니다. 친구와 함께 여행을 가면 "여기서는 어느 쪽으로 가면 좋겠어?"라고 서로 질문을 하며 게임 스테이지를 선택하는 것처럼 유쾌한 시간을 보냅니다.

이것 역시 저 자신과 상대에 대한 사랑입니다.

아무리 사소한 일이라도 저는 반드시 사랑이 있는 쪽을 선택합니다.

이것이 제 방식입니다. 아무리 작은 일이라도 적당히 하지 않고 하나하나 사랑에 따르다 보니 결국 성공의 길을 걸어갈 수 있었습니다.

참으면
원망만 생길 뿐이다

상식에 매이지 않는 사람 중 일부는 다른 사람을 짜증 나게 하기도 합니다. 상식에 신경을 쓰지 않는 것이 상대의 기분을 자극하는 것이 아니라 그런 사람들의 말과 행동에 사랑이 없기 때문입니다. 사랑을 담아서 말을 하고 행동을 하면 반드시 사랑이 전달됩니다. 상식이든 상식에서 벗어나든 상관이 없습니다. 사랑이 담겨 있다면 누구에게나 대환영이에요. 우리 모두의 영혼은 사랑을 추구하고, 사랑을 품은 사람을 좋아하니까요.

남에게 미움을 받는 것은 사랑이 없기 때문이에요. 이기적으로 살아가는 사람은 당연히 미움을 받습니다.

그런데 가끔은 사랑이 있는데도 미움을 받는 사람도 있어요. 이 경우에는 미워하는 사람에게 문제가 있다고 생각합니다. 사랑이 없는 상식의 굴레에 갇혀 있는 사람들은 사랑이 있는 자유로운 상식 파괴를 보고 억울해하거나, 질투를 느끼거나, 초조하게 생각합니다.

인간은 자신이 하고 싶어도 할 수 없는 것을 눈앞에서 목격하면 호의를 있는 그대로 받아들이지 못하고 도리어 질투를 느끼며 미워하는 감정까지 갖게 됩니다.

무조건 인내하면 원망만 생겨나는 것과 비슷한 예입니다.

하지만 그런 경험을 통해 '그렇게 하면 행복해질 수 없을 텐데.'라며 스스로 배우고 터득할 수밖에 없습니다.

영혼이 갈기갈기 찢어지는 듯한 아픔으로 괴로워한 후에 간신히 사랑으로 사는 법, 마음을 가볍게 하는 법을 익히게 됩니다. 이것은 지금 생의 수행이기 때문에 어쩔 수 없습니다.

그렇지만 만약 당신이 지금 이곳에서 사랑을 깨닫게 된다면 그 순간에 괴로움이 바로 사라지게 될 것입니다. 이후의 인생이 바뀌게 되는 것이지요. 그러면 이제는 위로 날아오르는 일만 남게 됩니다.

'내가 싫은 것은 남에게도 하지 않는다'는 최고의 가르침

부모가 상식에 집착하는 성향이어서 어릴 때부터 무슨 일이 있을 때마다 '그 정도로는 세상에서 통하지 않는다.' '이 정도는 할 수 있어야 정상이지.' 등 계속되는 잔소리를 들으며 성장한 사람이 있습니다.

부모님의 주술로 온몸이 꽁꽁 묶인 것처럼 갑갑하게 느껴질 수 있지만, 사실은 여기에 최고의 가르침이 있습니다.

'내가 싫은 것은 남에게도 하지 않는다'는 가르침입니다. 사랑으로 살아갈 때 절대적으로 필요한 가르침이지요.

당신은 부모로부터 사랑이 없는 상식을 강요당해서 몹시 괴로웠을 겁니다. 똑같은 상황을 겪은 다른 사람도 마찬가지겠지요. 사랑이 빠진 말과 행동은 누구에게나 불쾌함을 줄 뿐입니다.

그렇다면 당신도 주변 사람들에게 사랑 없는 상식을 강요해서는 안 됩니다. 솔선수범해서 사랑으로 살아가면서 누구에게든 싫은 일은 하지 않는 것이 좋습니다. 부모가 누구였는지, 어떻게 교육받았는지와는 크게 상관이 없습니다. 당신이 먼저 사랑을 중심으로 생각하시기 바랍니다.

당신이 먼저 바뀌면 됩니다. 그렇게 되면 주위 사람들도, 신도, 모두가 당신을 응원해 줄 것이고 세상도 바뀔 겁니다.

특히 힘든 경험을 하는 사람들은 중요한 역할을 부여받고 태어났습니다.

당신이 괴로운 시간을 보내는 것은 당신에게 '깨달은 사람이 먼저 사랑을 보내라!'라는 역할이 주어진 것입니다.

바로 당신이 사랑의 빛을 발산시켜서 주위를 밝고 따뜻하게 비추라는 뜻입니다.

이런 알림을 눈치 채지 못하면 언제까지나 괴로운 현실을 바꿀 수 없을 겁니다.

학교 동아리 활동에서도 '우리도 선배들한테 괴롭힘을 당했지!' 라며 똑같이 후배를 괴롭히는 학생들이 있는데요, 당한 것에 대한 화풀이로 자기보다 약한 자를 괴롭히다니 정말 이상하고 안타깝 기 짝이 없습니다. 사랑으로 살아가는 사람이라면, '내가 당할 때 정말 끔찍했으니까 나는 후배를 괴롭히지 말아야지.'라고 생각할 겁니다. 아픔을 잘 알고 있는 입장이니까 약한 사람에게 친절을 베풀 수 있고, 그렇게 하는 것이 영혼을 성장시키는 길입니다.

그럼에도 불구하고 자신이 당했으니 후배에게도 똑같이 응징해 야 한다고 생각한다면 영혼의 발전은커녕 다른 사람에게 상처를 주고 후퇴하게 됩니다. 구제불능인 사람으로 전락하고 맙니다.

우리는 신이 만든 이 세계에서 진보해야 합니다. 진보하는 것이 야말로 선행하는 흐름입니다.

반면 이를 거역하여 스스로를 퇴보시키면서 행복을 추구하는 것은 정말 모순된 삶입니다. 그런 사람들의 행복은 후퇴하기 마련 이지요.

당신 자신의 행복을 위해서 불쾌한 경험을 하더라도 다른 사람 에게는 친절을 베풀어야 합니다.

당신이라면 그렇게 할 수 있습니다.

아무리 괴로워도
사랑으로 치유할 수 있다

소중한 사람이 괴로워할 때, 그 모습을 지켜보고 있는 사람은 어떻게 해야 할지 고민하게 됩니다. 이 경우에도 '사랑'을 생각해야 합니다.

무언가 위로의 말을 건네거나, 무엇을 해 줘야 할지 고민하며 구체적으로 해 줄 수 있는 방법을 찾고 싶어 하지만, 이런 것은 정해진 방법이 있는 것도 아니고, 누군가가 대안을 마련해 줄 수도 없습니다.

그때그때 상대의 심경과 상황에 따라 필요한 말과 행동이 다를 테니까요. 누구에게나 통용되는 위로의 말이나 해결책 같은 것은 유감스럽지만 존재하지 않습니다. 그렇다면 소중한 사람을 격려하고 싶을 땐 어떻게 해야 할까요? 사랑이 담긴 위로의 말이나 행동이라면 뭐든 좋습니다.

어떤 말이나 행동에 사랑을 담아 전달하면 상대는 기분 좋게 느낄 것입니다. 특별한 위로의 말을 하지 않아도 곁에 있는 것만으로도 기분은 전달되기 마련입니다. 사랑은 분명 상대에게 긍정적인 영향을 주고, 마음을 가볍게 해 줍니다.

옛날에 이런 이야기를 들은 적이 있습니다. 전쟁 중에 도쿄가

폭격을 당했습니다. 하늘에서 계속 폭탄이 떨어지고, 거리는 온통 부상자와 사망자로 가득했습니다. 도로에는 시체가 넘쳐났습니다. 만약 이와 같은 상황이 드라마나 영화에 등장하면 시청자는 울면서 시청하거나 넋이 나간 채로 망연자실하겠지요. 화면은 하늘마저 흐리게 연출하며 비장함을 더욱 고조시킬 테고요.

그렇지만 현실은 어땠을까요? 물론 폭격 직후에는 사람들이 충격을 받아서 꼼짝도 못하고 그 자리에 멍하게 서 있었지만, 다음 날부터는 가볍게 그 거리를 걷기 시작했으며 밝은 표정을 보였습니다.

여기저기 사상자가 넘쳐나는 거리에서도 생존했다는 기쁨에 많은 사람이 웃고 있었습니다. 생존자 가족들이 머리를 맞대고 미소 짓는 하늘은 청명한 파란색이었습니다.

저는 이 이야기를 전해 들었을 때 가장 먼저 신의 사랑을 느꼈습니다.

아무리 비참한 상황에서도 사람은 사랑을 기억하며 살 수 있습니다. 신이 우리에게 사랑의 힘을 주셨다는 생각이 들었습니다.

전쟁 중이어서 끔찍한 공포가 가득했겠지만 그럼에도 불구하고 누군가가 사랑을 보냈고, 그로 인해 주위 사람들의 마음이 점점 사랑으로 물들었을 겁니다. 누군가의 사랑이 다른 사람들을 치유하고 도울 수 있었습니다.

사랑의 힘은 대단합니다.

그러니까 당신에게 소중한 사람이 괴로워하고 있다면 형식적인 말이나 행동보다는 사랑을 염두에 두고 사랑의 말과 사랑의 행동을 전해 보시기 바랍니다.

근엄하기만 한 인생에는
성공이 없다

세상에는 마음 편하게 살면 안 된다거나 좋아하는 일만 하면서 살아갈 수는 없다는 등 사람들의 마음을 무겁게 하는 말이 넘쳐흐르고 있어요.

어깨 위에 있는 짐을 내려놓으면 큰일이 생길 수 있으니 무거운 짐을 짊어질 수 있는 힘을 길러라, 힘을 비축하지 못하고 괴로워하면 안 된다는 식으로 인내와 끈기를 강조하는 상식이 여전히 유효합니다. 하지만 괴로운 이유를 찾아보면 오히려 어깨 위에 있는 짐을 내려놓지 못했기 때문입니다.

무거워서 이제 더 이상 걸을 수 없는 사람에게 "조금만 더 힘을 내." "겨우 이 정도로 나약한 소리 하지 마."와 같이 짐을 더 많이 짊어지게 하고 채근하며 마치 격려하는 것처럼 엉덩이를 토닥거

립니다. 하지만 그렇게 하면 누구나 넘어질 수밖에 없습니다.

어깨 위에 있는 짐을 내려놓고 마음을 편하게 해야만 건강을 유지하고, 하고자 하는 의욕이 생기며 행복한 인생을 즐길 수 있습니다. 그러지 않으면 아무것도 해낼 수 없습니다. 근엄하기만 한 인생에 성공이 있을 리가 없지요.

그럼에도 불구하고 학교나 가정에서는 더욱 "힘을 내라." "참아라."라고 가르치고 있습니다. 끈기 있게 해내는 것을 중요하게 교육시키고 있습니다.

그렇지만 끈기를 강요하면 할수록 무너지는 아이들이 많아집니다. '그렇게 공부도 잘하고 착했던 아이가 왜 방에 틀어박혀서 나오지 않을까요?'라며 의문을 품는 분이 있습니다. 공부를 잘하고 성실한 아이였기 때문에 부모님이나 선생님의 말씀을 거역하지 못하고 간신히 끈기로 버텨 내다가 결국 너무 힘이 들어서 마음이 꺾인 것입니다.

시키는 대로 하면서 무거운 짐을 더 짊어지고, 힘들어도 참아내다가 결국 넘어진 것입니다.

이러한 과정을 잘 들여다보지도 않고 '마음이 나약한 아이'라고 단정해 버리는 것은 너무 가혹합니다.

사랑이 전혀 없는 말입니다.

일본의 교육 현장에서는 노력하는 사람의 전형으로 니노미야 긴지로*를 꼽습니다. 학교에 동상까지 세워 두고 있습니다. 그래서 아이들은 긴지로를 본받으려 하고 고생을 마다하면 안 되는 것처럼 인식합니다. 하지만 저는 긴지로의 참모습에 대해 알려드리려 합니다.

긴지로는 신장이 180센티미터가 넘는 건장한 남자였습니다. 체중도 90킬로그램에 육박하는 힘이 몹시 센 사람이었습니다. 그런 대단한 힘으로 토지를 개간했고, 밭이 생기면 소작인에게 맡겨 두고 자신은 또 다른 토지를 개척했습니다. 그리고 돈이 생기면 사람을 고용해서 새로운 토지를 개척해 나갔습니다. 그러기를 수차례 반복하여 대지주가 되었습니다.

여기서 정말로 중요한 것은 긴지로가 특별히 여성을 좋아했다는 사실입니다. 그런 것 같습니다(하하!)

이런 긴지로의 진짜 모습을 알게 된 후, 저는 긴지로가 그렇게 고생을 한 인물은 아니라는 생각이 들었습니다. 분명히 열심히 공부했고 일도 열심히 했겠지만, 교육 현장에서 전하는 비장감까지 감돌지는 않는 것 같습니다.

긴지로에게 분투하는 삶이란 인생을 즐기는 과정 중 하나였을 겁니다.

---

*   二宮金次郎: 에도시대에 농촌의 부흥을 추진한 인물. 가난했지만 면학에 힘써서 성공한 삶을 살았다.

그는 자신에게 적합한 일을 선택하고, 여성과도 즐겁게 사귀었습니다(하하!)

즐기면서 일하니까 성공했고, 사회를 위해서도 일할 수 있었다고 생각합니다.

즉 긴지로는 자신에 대한 사랑과 주위에 대한 사랑을 모두 소중히 여긴 사람입니다. 학교에서는 이러한 진실을 정확하게 가르쳐 주어야 합니다.

그러면 아이들에게도 인생은 즐기는 것이고, 어깨 위에 있는 짐을 가볍게 할수록 좋다는 의미가 전달될 것입니다.

사랑은 절박할수록
뚜렷한 효과를 나타낸다

최근에 어떤 사람으로부터 "코로나 상황에서도 사업가인 히토리 씨는 상식 파괴를 고민하셨나요?"라는 질문을 받았습니다.

있는 그대로 말씀드리자면, 저는 지금까지 생활한 것과 비슷하게 지낼 뿐 코로나 상황이라고 해서 특별히 다른 일을 하고 있지 않습니다.

늘 그랬듯 사랑으로 살고 있습니다.

사업이든 경영이든 방식을 바꾼 적은 없습니다. 그렇지만 제가 앞에서도 말씀드렸다시피 코로나 상황에서도 저희 회사는 성장했습니다.

지금까지도 계속 성장해 왔지만 이번 팬데믹 기간에는 다시 새롭게 도약했다는 느낌이 들었습니다.

이것이 의미하는 것은 개인이든 사회든 절박한 때일수록 사랑이 모든 것을 설명해 줄 수 있다는 것입니다.

사랑으로 생각한다.

사랑으로 사업한다.

사랑으로 살아간다.

저와 제자들은 이번 코로나를 통해서 사랑이 얼마나 중요한지를 다시 한번 깨달을 수 있었습니다.

특별히 무엇을 하지 않아도 좋습니다. 다만 사랑을 꼭 기억하며 항상 사랑을 전달할 것! 이것만으로도 정말로 기적 같은 일이 일어납니다.

앞으로는 더욱 사랑의 힘이 시험대에 오를 것 같습니다.

사회 전반적으로 크게 방향을 선회하여 사랑을 향해 나아가게 될지도 모르겠습니다.

물론 실제로도 사회는 서서히 변화하겠지만, 지금이 시대의 큰 변환점이라는 것은 분명합니다.

누구나 상식을 깨부숴도 되는
최고의 시대다

당연하다고 믿었던 상식이라는 대전제에 '이것이 사실일까? 정말일까?'라는 의문이 들기 시작하면 인생의 선택지가 몇 배나 늘어나게 됩니다. 선택사항이 많아지면 자신이 좋아하는 일을 찾아내기도 쉬워집니다.

좋아하는 일을 하는 사람은 충족감을 느끼고 마음이 가벼워져서 여유도 생깁니다. 그러면 다른 사람의 언행에도 너그러워지고, 서로의 자유를 인정하며 응원하고. 상대의 행복을 기뻐해 줄 수 있습니다.

이것이 자유롭고 경쾌한, 새로운 시대의 풍요이자 사랑입니다.

예를 들어 코로나를 계기로 많은 회사에서 재택근무 제도를 도입했습니다. 지금까지 직장인은 매일 회사에 출근하는 것이 상식이었고, 회사 이외의 장소에서 일을 한다는 것은 극히 일부 기업에서만 허용되었습니다.

그렇지만 인터넷이 잘 보급되어 있어서 컴퓨터나 스마트폰만 있으면 그야말로 세계 어디에서나 일을 할 수 있습니다. 훨씬 자유로운 스타일로 각자에 맞게 일하는 환경과 방법을 선택할 수 있게 되었습니다.

이것이 코로나를 겪으면서 새로운 상식으로 자리 잡게 되었습니다.

최근에는 체구가 작은 여성이 대형 트럭을 운전하기도 하고, 버스나 택시 기사도 여성인 경우가 많습니다. 공사현장에서 크레인을 자유자재로 조종하는 사람이 여성인 경우도 있고, 여성 목수도 많이 있습니다.

예전의 상식으로는 이 모든 것이 남자의 일로 여겨졌는데, 이제는 그런 시대가 아닙니다.

물론 육체노동 중에는 여성에게 적합하지 않은 일도 있습니다. 하지만 일부를 제외하고는 여성도 남성과 어깨를 나란히 하며 일을 할 수 있습니다. 그것이 당연해진 시대가 되었습니다.

이처럼 일하는 방법 하나를 보더라도 세상은 점점 다양화되고 있습니다.

'기존 상식이 맞는 걸까?'라고 많은 사람이 의구심을 가지게 되면서 낡은 상식은 점차 설 자리를 잃고 있습니다. 앞으로는 이러한 현상이 더욱 가속화되어 인생의 선택지도 훨씬 다양해질 것입니다.

자유로운 사고와 자유로운 삶이 인정받고, 사랑이 있는 사회가 현실화되고 있습니다. 누구나 상식을 파괴해도 좋은 최고의 시대입니다.

이처럼 새로운 시대에 지금까지의 상식을 내세우는 사람은 정말로 살기 힘들어질 것입니다. 더군다나 사랑이 없는 사람은 괴로워질 수밖에 없습니다.

이제는 모두가 사랑으로 살 수밖에 없습니다.

세상이 사랑으로 가득해지면
상식 파괴 자체가 사라진다?

어쩌면 많은 사람이 저를 '간이 떨어지게 할 정도로 놀랍게 상식을 파괴하는 사람'이라고 생각할지 모르겠습니다. 그렇지만 전혀 아닙니다.

저는 평생 동안 할 수 있는 대담하고 과감한 상식 파괴는 그리 많지 않을 거라고 생각합니다. 많아야 손에 꼽을 정도겠지요. 호탕하게 상식을 파괴하고 싶어도 현실적으로는 불가능하지요(하하!)

게다가 저에게는 최근 들어 작은 상식 파괴의 필요성조차 없어졌답니다. 왜냐하면 계속해서 사랑을 중심으로 살다 보니 상식을 파괴해야 하는 상황 자체가 점점 없어지고 있습니다.

사랑으로 살면 다른 사람과 부딪치는 일이 없고, 오히려 그들로부터 응원을 받습니다.

모든 일이 순조롭게 진행되기 때문에 상식을 파괴할 필요도 없습니다(하하!)

이러한 관점에서 볼 때, 만약 전 세계 사람이 모두 사랑으로 살게 된다면 이 세상에서는 상식 파괴가 사라져 버릴지도 모르겠습니다. 사랑이 있는 상식 파괴가 당연시된다면 그때는 상식 파괴도 무용지물이 될 것입니다. 그럼 각자의 개성이 두드러질 겁니다. 최소한의 규칙을 지키면서 서로의 다양성을 인정하는, 살 맛 나는 즐거운 세상이 됩니다.

정치도 예외가 아닙니다. 모두가 사랑을 추구한다면 웬만해선 변하지 않는 정치의 세계라도 사랑을 향해 발전할 것입니다. 시간이 꽤 걸리겠지만 사랑을 담아 낸 정치는 전 세계에 사랑을 중심으로 한 질서를 세우고 사랑으로 돌아가는 세계를 만들어 갈 것입니다. 저는 그렇게 확신하고 있습니다.

읽는 것만으로 간단히 복습할 수 있습니다.
사이토 히토리의 '사랑의 상식 파괴' 총정리

시대는 지금 '근엄함'에서 벗어나 '홀가분함'을 중시하는 흐름으로 격변하고 있습니다.

홀가분하게 산다. 이것은 신이 정한 길이며 우리의 영혼이 추구하는 것입니다. 갈등과 문제를 홀가분하게 마주하는 사람이 행복한 성공을 이루게 됩니다.

성공한 사람은 모든 것을 가볍게 생각하고 항상 웃습니다.
낙심한 채로 우물쭈물하지 않습니다.
홀가분함이 필요한 시대에는 기존의 상식에 사로잡히지 않는 것이 핵심입니다.
인생에는 상식만으로 풀리지 않는 것이 아주 많습니다.
상식을 깨부순다는 것은 사랑을 중심으로 사는 것입니다. 상식 파괴는 사랑을 동반해야 합니다.

신에게 생명을 부여받은 우리 모두는 사랑 그 자체이며 끊임없이 사랑을 추구하고 있습니다.

사랑으로 사는 사람은 신의 편에 서 있습니다. 믿기 힘들 정도로 운이 좋아지기 때문에 아무것도 두려워할 것이 없습니다.

사랑이 있는 상식 파괴라면 주위의 모든 사람에게 즐거움을 줄 수 있습니다. 그러니 무엇을 해도 잘될 수밖에요.

인생이 즐거워지는 밝은 상식 파괴는 진리입니다.

실패했다면 사랑이 빠져 있기 때문입니다. 그렇지만 이 또한 사랑을 배워 나가기 위한 수행이지요.

괴로워서 꼼짝도 못하게 되었다면 사랑을 깨달을 타이밍입니다. 신이 메시지를 보내 온 것이지요.

사랑을 깨달은 사람에게는 단 하나의 선택사항만 있습니다. 사랑으로 사는 것이지요.

사랑은 행복으로 연결됩니다.

당신이 먼저 사랑하세요. 사랑은 반드시 되돌아오니까요.

사랑으로 전한 말과 행동은 틀리는 법이 없습니다.

사랑의 상식 파괴는 상대에게도 사랑이 전달되어야 합니다. 제멋대로인 것과는 정반대입니다.

제멋대로 행동하는 것은 자신을 상처 입히는 행위입니다.

제멋대로인 상대를 상대하지 않는 것도 상대를 배려한 사랑입니다.

사랑은 인간관계에서 윤활유 역할을 합니다. 인간관계를 잘 다스린 사람은 인생도 잘 다스립니다.

기억력이 좋으면 성적이 좋습니다. 그렇지만 이 둘은 성공과 전혀 관계가 없습니다.

자신이나 주변 사람들이 포복절도할 만큼 상식 파괴라는 즐거운 망상을 가득 떠올려 봅니다.

대부분의 상식이 통하기는 하지만 자유와 행복을 빼앗는, 사랑이 없는 상식도 있습니다. 이것을 간파할 수 있는 눈을 길러야 합니다.

'남과 다른 것＝악'이라는 생각은 억측에 지나지 않습니다.

고생신화는 대부분 과장입니다(하하!) 고생하지 않아도 성공할 수 있습니다.

정답은 하나가 아닙니다. 무한한 선택사항 중에서 당신에게 적합한 것을 선택하세요.

미래는 밝습니다. 변하는 것은 아무것도 두렵지 않습니다.

'~하지 않으면 안 된다.' '~이 아니면 안 된다.' 이제는 이런 생각에서 졸업하세요.

세상은 진보하고 있습니다.
후퇴하면서 행복해질 수는 없습니다.

현실 사회와 학교는 다릅니다. 서로 가르쳐 주며 모두 성공하면 됩니다.

모두의 '상식 파괴'가 기존의 상식을 바꿀 수 있습니다.
싫은 일을 싫다고 말할 수 있는 세상에서 새로운 상식이 계속 전개되고 있습니다.

'힘들어지면 언제든 그만두어도 좋아.' 이런 카드를 한 장쯤은 가지고 있어야 합니다.

참으면 원망만 생길 뿐이지요.
근엄하기만 한 인생에는 성공이 없습니다.

사랑으로 행복해질지, 아니면 상식 일변도로 괴로워질지는 당신의 선택에 달려 있습니다.

능력이 조금 부족해도 빼어난 매력이 있는 사람은 인생이 잘 풀립니다.
매력은 사랑으로부터 생겨납니다.

대단한 사랑이 아니어도 좋습니다. 일상의 소소한 사랑이 중요합니다.

완벽하게 할 수 없는 것은 당연해요.
중요한 것은 조금이라도 신에게 다가가고 싶어 하는 마음입니다.

인간의 영혼은 무한히 생사를 반복하며 성장해 갑니다.
이번 생에서 고생하지 않는 사람은 그 이전에 다 배웠기 때문이에요.
그러니 지금 배워 둔다면 이제부터는 편해질 거예요.

결혼도 잘했고, 이혼도 잘했습니다. 자신이 원해서 내린 결정이라면 어느 쪽이든 행복합니다.

사랑이 있다는 사람이 짜증이 난다면 아마도 사랑 없는 상식에 얽매여 있기 때문일 겁니다.

누구에게나 괴로운 시기가 있습니다. 그렇지만 사랑을 깨닫는 순간부터 도약할 수밖에 없습니다.

주위의 시선에 신경 쓰지 마세요.

자신에게 더욱 사랑을 쏟으며 당당히 사세요.

좋아하는 일, 자신 있는 일이 있다는 것은 멋진 일입니다. 그렇지만 자신이 할 수 있다고 해서 다른 사람에게도 강요하는 것은 규칙 위반이에요.

그 어떤 때라도 불평보다 감사를 합시다.

상대방의 행복과 관련이 없는 상식을 전달하는 것은 단순한 괴롭힘에 지나지 않습니다.

내가 싫은 것은 남에게도 하지 않아야 해요. 이것이 최고의 가르침입니다.

사장에게 사랑이 있고 사원에게 사랑이 있으면 고객이나 사회에도 사랑을 보낼 수 있습니다.

이것은 회사의 성장으로 연결되지요.

대장이 최전선에 나가서 싸우면 주변에서 반드시 도와줍니다.

사업가의 역할은 국가가 위기에 처했을 때 힘이 되어 주는 것입니다.

그것이 고객에 대한 보은이기도 하지요.

사업은 지혜 겨루기입니다.

사랑으로 생각해 낸 최고의 아이디어가 아니면 승리할 수 없어요.

자신이 기쁘고 동료가 기뻐하면 고객, 나아가 세상이 기뻐하게 됩니다. '세 가지 비법'을 충족시키는 것은 사랑뿐입니다.

사랑이 있는 회사는 타사를 패배시키지 않아도 얼마든지 성장해 갑니다.

이 세상에 고민이 없는 사람은 없습니다.

고민하는 것처럼 보이지 않는 것은 문제가 일어났을 때 사랑으로 대처하기 때문이에요.

사랑으로 생각하면 근본적인 해결법이 나옵니다.

그러면 같은 문제로 두 번 다시 고민할 필요가 없습니다.

사랑이 있으면 어떤 말이나 행동이든 상대방에게 기분 좋게 전해집니다.

개인이든 사회든 괴로울 때일수록 사랑이 더 큰 효력을 나타냅니다.

사랑이 커지면 결국 승부에도 구애받지 않게 되지요.

아무리 비참한 상황이라도 사람은 사랑을 잊지 않고 살아갈 수 있습니다.
신은 우리에게 그런 힘을 주었습니다.

세상의 축이 되는 사랑. 앞으로는 사랑의 힘이 더욱 시험을 받게 될 것입니다.

끝마치며

사랑으로 사는 것은 엄청난 재능입니다.
이 재능을 남김없이 사용하여
당신만의 행복을 찾아내고
새로운 시대를 마음껏 즐기세요.

사랑의 상식 파괴로 새로운 길을 여는 당신은
저의 소중한 동료입니다.
함께 밝은 길을 만들어 갑시다.

사랑, 고맙습니다.

사이토 히토리